DICIONÁRIO DE LITERATURA BRASILEIRA

PAUL TEYSSIER

■

DICIONÁRIO DE LITERATURA BRASILEIRA

TRADUÇÃO
Eduardo Brandão

REVISÃO TÉCNICA
Ricardo Lísias

Para Sandro,
que seja útil!

Lins
João Pessoa
02/09/2019.

Martins Fontes
São Paulo 2003

Esta obra foi publicada originalmente em francês com o título
DICTIONNAIRE DE LITTÉRATURE BRÉSILIENNE
por Presses Universitaires de France.

1ª edição
março de 2003

Tradução
EDUARDO BRANDÃO

Revisão técnica
Ricardo Lísias
Revisão gráfica
Andréa Stahel M. da Silva
Edna Gonçalves Luna
Produção gráfica
Geraldo Alves
Paginação/Fotolitos
Studio 3 Desenvolvimento Editorial

Dados Internacionais de Catalogação na Publicação (CIP)
(Câmara Brasileira do Livro, SP, Brasil)

Teyssier, Paul
Dicionário de literatura brasileira / Paul Teyssier ; tradução Eduardo Brandão. – São Paulo : Martins Fontes, 2003.

Título original: Dictionnaire de littérature brésilienne
Bibliografia.
ISBN 85-336-1730-5

1. Escritores brasileiros – Biografia 2. Literatura brasileira – Bio-bibliografia – Dicionários 3. Literatura brasileira – Dicionários I. Título.

03-0381 CDD-869.903

Índices para catálogo sistemático:
1. Literatura brasileira : Dicionários 869.903

Livraria Martins Fontes Editora Ltda.
Rua Conselheiro Ramalho, 330/340 01325-000 São Paulo SP Brasil
Tel. (11) 3241.3677 Fax (11) 3105.6867
e-mail: info@martinsfontes.com.br http://www.martinsfontes.com.br

Apresentação

■

Sob a direção de: Paul TEYSSIER
Com a participação de: M. L. Aragão, M. Carelli, J. A. Castello, C. de Lara, R. Machado, S. Magaldi, A. Mansuy-Diniz Silva, J.-Y. Mérian, J. Orecchioni, J. Penjon, D. Toledo, L. Vassallo

Colonizado pelos portugueses a partir de 1500, o Brasil tornou-se independente em 1822. É hoje uma nação de mais de cento e sessenta milhões de habitantes, um verdadeiro subcontinente. O principal (mas não único) interesse da literatura brasileira está no fato de que ela exprime o nascimento, a formação e o desenvolvimento desse novo povo e de sua cultura. A singularidade dessa cultura se afirma de duas maneiras principais: pela língua em que se exprime, o português, que distingue o Brasil de todos os outros países da América Latina ibérica, com os quais o público desavisado tende às vezes a confundi-lo e que são de língua espanhola;

pelo lento e constante esforço que ela faz desde há séculos para se libertar do modelo legado pelo antigo colonizador e até, mais recentemente, pelo que vem da Europa em geral. Os verbetes do setor Brasil, do presente dicionário, foram concebidos portanto para ilustrar essa afirmação progressiva de uma especificidade brasileira.

Simplificando, podemos dividir a história da literatura brasileira em três períodos: o primeiro, o período colonial, começa em 1500 e termina em 1822; o segundo vai de 1822 (data da independência política) a 1922, data do aparecimento do Modernismo; o terceiro, iniciado em 1922, é o do Modernismo e seus desdobramentos. Os dois grandes cortes dessa história são portanto a ascensão à independência política em 1822 e o nascimento do Modernismo em 1922. O Modernismo brasileiro, muito diferente do espanhol, surge na "Semana de Arte Moderna", organizada em São Paulo de 13 a 17 de fevereiro de 1922. É a partir dessa data que os escritores brasileiros reivindicam a completa originalidade da sua cultura, de tal sorte que às vezes se diz que foi apenas em 1922, um século depois da independência política, que o Brasil alcançou a independência intelectual e literária.

A repartição dos quarenta e oito verbetes do nosso setor Brasil levou em conta essa divisão em três períodos. Para os três séculos coloniais, quando a literatura do Brasil mal se deixa distinguir da de Portugal, temos apenas três verbetes, dois deles de síntese ("Barroco" e "Arcadismo"). É inevitável que alguns dos autores que aparecem aqui se encontrem no setor Portugal. É o caso, em particular, do padre Antônio Vieira (século XVII), citado a propósito do Barroco. Tratamos do que, em sua obra, concerne unicamente ao Brasil.

Para o período de 1822-1922, temos dezenove verbetes, que se referem primeiramente ao Romantismo (no Brasil, o Romantismo aparece mais tarde que na Europa, por volta de 1836, e dura até

1875). É quando surgem, principalmente com José de Alencar, as primeiras reivindicações de autonomia cultural. Depois do Romantismo, nossos verbetes acompanham as tendências literárias do fim do século XIX e do início do século XX, que muitas vezes são reflexos das escolas européias (o Parnasianismo, o Simbolismo), e passam em revista os principais escritores, dominados pela excepcional personalidade de Machado de Assis.

Quisemos enfim privilegiar, com vinte e três verbetes, o período mais recente, que se abre em 1922. Além de uma exposição de síntese ("Modernismo"), o leitor encontrará estudos dedicados aos principais atores da verdadeira revolução que transforma então as letras brasileiras (Mário de Andrade, Alcântara Machado etc.), dos poetas (Carlos Drummond de Andrade, Manuel Bandeira etc.) aos romancistas, principalmente os "nordestinos" (Graciliano Ramos, José Lins do Rego, Jorge Amado etc.). Continuamos com as gerações posteriores, com, por exemplo, Guimarães Rosa e Clarice Lispector, e à atualidade ("Poesia do século XX").

Três verbetes de síntese ("Teatro", "Fontes africanas da cultura brasileira" e "Literatura de cordel") fazem balanços mais vastos, que vão das origens aos nossos dias.

Não quisemos, porém, deixar de lado outra perspectiva, a das diversidades regionais. O Brasil é um país imenso, com regiões de personalidade bem definida. Assim, o leitor encontrará verbetes sobre os principais escritores nordestinos – além dos acima citados, outros como Gilberto Freyre, Jorge de Lima, João Cabral de Melo Neto etc. –, sobre os do Rio Grande do Sul, como Simões Lopes Neto e Érico Veríssimo, sem esquecer os de Minas Gerais, como Lúcio Cardoso.

Quisemos enfim levar em conta a importância relativa dos escritores estudados. Machado de Assis para o século XIX e Guimarães Rosa para o século XX são os que deram ensejo aos verbetes mais longos. Esses dois escritores, a nosso ver, cada qual em seu tempo, são os mais dignos de alcançar a universalidade.

Certas dificuldades complicaram nosso trabalho e devem ser assinaladas aqui. A primeira diz respeito aos problemas ortográficos. A ortografia da língua portuguesa foi por muito tempo imprecisa e mutável. Uma reforma foi empreendida em 1911 em Portugal, mas o Brasil mostrou certas reservas à sua aplicação. Ainda hoje, subsistem diferenças entre os dois países. O leitor que tem diante dos olhos textos brasileiros de épocas diversas constata que eles obedecem a regras ortográficas diferentes. Resolvemos pois modernizar todas as grafias antigas, tanto no que se refere aos títulos das obras como aos nomes de autores, aplicando-lhes sistematicamente as regras atualmente em vigor. Assim, não escrevemos *Symphonias* (título de um livro de poemas de Raimundo Correia, publicado em 1883) mas *Sinfonias*. O mesmo vale para os nomes próprios: Alfonso Arinos fica sendo Afonso Arinos e Tristão de Athayde passa a ser Tristão de Ataíde. Em vez de *Memorias posthumas de Braz Cubas*, romance de Machado de Assis publicado em 1881, escreveremos *Memórias póstumas de Brás Cubas*. No entanto é bom deixar claro que, no Brasil, essa regra nem sempre tem sido aplicada para os sobrenomes, pois muitos autores se recusam a submeter seu patronímico às regras da reforma ortográfica. Respeitaremos portanto sua vontade, escrevendo, por exemplo, Gilberto Freyre (e não Freire) e Vinicius de Moraes (e não Morais).

Uma complicação de outro gênero vem de que, no sistema onomástico luso-brasileiro, uma mesma pessoa às vezes tem um ou dois prenomes seguidos de dois ou três sobrenomes: José Maria Eça de Queirós, Inácio José de Alvarenga Peixoto, Antônio Pereira de Sousa Caldas etc. A regra é que, quando se quer abreviar esses nomes ou classificá-los numa lista alfabética, deve-se tomar primeiro o último sobrenome, depois o primeiro prenome. Mas, na prática, criaram-se hábitos que muitas vezes a contrariam. Ninguém, por exemplo, para designar brevemente Joaquim Maria Machado de Assis, diz "Assis": todo o mundo diz "Machado de Assis", ou até, mais simplesmente, "Machado". Para todos os escritores brasileiros cujos nomes servem de título a nossos verbetes, levamos esses costumes em conta, escolhendo a designação corrente. Um sistema de remissões permitirá que o leitor encontre a forma que adotamos. Assim, "ASSIS Joaquim Maria Machado de" remeterá a "MACHADO DE ASSIS Joaquim Maria". Do mesmo modo, "ARANHA José Pereira da Graça" remeterá a "GRAÇA ARANHA José Pereira da".

BIBLIOGRAFIA GERAL

Em francês

M. CARELLI, *Brésil, épopée métisse,* Paris, Gallimard, "La Découverte", 1987. – F. MAURO, *Histoire du Brésil,* Paris, PUF, "Que sais-je?", 1973. – L. STEGANO PICCHIO, *La littérature brésilienne,* Paris, PUF, "Que sais-je?", 1981. – H. THÉRY, *Le Brésil,* Paris, Masson, 2.ª ed., 1989.

Em português

A. BOSI, *História concisa da literatura brasileira,* São Paulo, Cultrix, 3.ª ed., s.d. – Col.: *A literatura brasileira,* São Paulo, Cultrix, 6 vol., 1968-1973: (*1)* J. Aderaldo Castello, *Período colonial; 2)* A. Soares Amora, *O Romantismo; 3)* J. Pacheco, *O Realismo; 4)* M. Moisés, *O Simbolismo; 5)* A. Bosi, *O Pré-Modernismo; 6)* W. Martins, *O Modernismo*). – *A literatura no Brasil,* A. Coutinho (org.), Rio de Janeiro, Editorial Sul-Americana, 6 vol., 3.ª ed., 1986.

DICIONÁRIOS DE LITERATURA

Dicionário de literatura, J. do Prado Coelho (org.), Literatura portuguesa, Literatura brasileira, Literatura galega, Estilística literária, Porto, Livraria Figueirinhas, 5 vol., 3.ª ed., 1978. – *Enciclopédia da literatura brasileira*, A. Coutinho & J. Galante de Sousa (orgs.), Rio de Janeiro, Ministério da Educação e Fundação de Assistência ao Estudante, 2 vol., 1990.

DICIONÁRIOS DE LÍNGUA

Monolíngües português
A. B. DE HOLANDA FERREIRA, *Novo Dicionário da língua portuguesa*, Rio de Janeiro, Nova Fronteira, 1 vol., 2.ª ed., 1986. – A. DE MORAIS SILVA, *Grande Dicionário da língua portuguesa*, Lisboa, Confluência, 12 vol., 10.ª ed., 1949-1959.

ENCICLOPÉDIAS

Grande enciclopédia portuguesa e brasileira, Lisboa e Rio de Janeiro, Editorial Enciclopédia, 42 vol., s.d.; *Atualização, id.*, 10 vol., 1981-1987. – *Verbo. Enciclopédia luso-brasileira de cultura*, Lisboa, Editorial Verbo, 22 vol., 1963 ss.

P. TEYSSIER

A

a

ABREU Casimiro de, 1839-1860 ➢ Romantismo; Teatro.

AFRICANAS DA CULTURA BRASILEIRA (Fontes)

Os primeiros escravos africanos chegaram ao Brasil em meados do século XVI, os últimos em 1852. A escravidão porém só foi abolida em 1888. Durante esses quase três séculos, estima-se em mais de três milhões o número de africanos introduzidos no país. Muitos dos seus descendentes misturaram-se com o resto da população, contribuindo para a vasta miscigenação brasileira. Mas qual a parte da herança africana na civilização e na literatura do Brasil?

Por muito tempo, ninguém se preocupou seriamente com esse problema. No decorrer da campanha abolicionista deflagrada depois de 1850, é em nome dos valores morais e da honra nacional que os defensores dos negros, como o poeta A. **Castro Alves*** (1847-

1871), o estadista Joaquim **Nabuco*** (1849-1910) e o advogado Luís Gama (1830-1882), ele próprio ex-escravo, desenvolvem seus argumentos. Mas ninguém ainda reivindica a herança africana como componente da cultura brasileira, enquanto o índio, ao contrário, é celebrado como um ancestral prestigioso. Nem nos poemas abolicionistas de **Castro Alves***, nem nos romances que põem escravos em cena, como *As vítimas algozes*, 1869, de Joaquim Manuel de **Macedo** (1820-1882) ou como *A escrava Isaura*, 1875, de Bernardo **Guimarães** (1825-1884), o africano é apresentado como um dos elementos fundadores da nação.

Somente depois da abolição (1888) é que os negros e os mulatos começam a ser estudados mais particularmente. O pioneiro foi Raimundo **Nina Rodrigues** (1862-1906), médico e psiquiatra baiano. Nas publicações que dedicou aos negros da Bahia (uma grande parte da população local é de origem africana), **Nina Rodrigues** estuda sua proveniência, sua língua, sua arte, seu folclore, sua religião etc. Mas os princípios pelos quais se norteia, herdados da antropologia européia e americana do fim do século, privilegiam a noção biológica de raça: há, dizia-se, entre as raças humanas uma hierarquia que deprecia os negros, e a miscigenação brasileira é apresentada como uma desvantagem, uma causa de atraso e fraqueza.

Com Artur **Ramos** (1903-1949) o ponto de vista torna-se o da sociologia, da psicologia social e da antropologia cultural. Na esteira de Melville J. Herskovits nos Estados Unidos, Fernando Ortiz em Cuba e Price Mars no Haiti, Artur Ramos situa o Brasil no conjunto das"Américas negras"e se interessa antes de mais nada pela contribuição da África à cultura e à civilização. Ramos analisa as"áreas culturais"a que se ligam os negros brasileiros e mostra a importância da herança iorubá, principalmente na Bahia, e descreve o jogo complexo dos fenômenos de aculturação. Todas essas idéias contribuíram poderosamente para libertar a psique brasileira da fatalidade biológica implicada na noção de raça e para valorizar a miscigenação cultural do país.

Seguindo esse impulso, Gilberto **Freyre*** (1900-1987) insiste no papel dos negros na formação da sociedade brasileira, mostrando como se constituiu nas "casas grandes" dos senhores de engenho uma civilização mestiça profundamente impregnada de valores africanos (*Casa grande e senzala,* 1933).

Também não se poderia esquecer a obra do francês Roger **Bastide** (1898-1974), autor de estudos fundamentais sobre as religiões africanas do Brasil, em particular sobre o candomblé da Bahia, no qual, por meio de um sincretismo religioso luso-africano, perpetuam-se os mitos e os ritos do povo iorubá.

Essa revalorização das fontes africanas da civilização brasileira pode ter levado a pensar que todos os problemas postos pela integração dos negros foram resolvidos e que o Brasil se tornou uma verdadeira "democracia racial". É contra esse otimismo excessivo que se ergue Florestan **Fernandes** (1920-1996). Em seus estudos, que se referem principalmente a São Paulo, esse discípulo de Roger Bastide mostra que o negro e o mulato ainda encontram obstáculos consideráveis para ascender aos níveis mais elevados da sociedade.

A lenta tomada de consciência das raízes africanas da civilização brasileira refletiu-se evidentemente na literatura. Alguns anos antes da abolição, Aluísio **Azevedo*** (1857-1913) mostrava, em *O mulato,* 1881, como um homem de cor, apesar das suas qualidades excepcionais, é rejeitado pela sociedade tradicional do Maranhão. Muito tempo depois da abolição, a obra de A. H. **Lima Barreto*** (1881-1922), ele próprio mulato e neto de escravos, é um longo e patético grito de revolta contra os preconceitos que o impediram de ocupar na sociedade brasileira o lugar a que considerava ter direito. Mas em outras obras, sobretudo a partir do **Modernismo*** (1922), os negros e os mulatos são apresentados com traços muitas vezes simpáticos, quando não poéticos, e os temas africanos (o folclore, a música, as tradições populares, o sincretismo religioso etc.) são fonte constante de inspiração. Mencionemos sobretudo, a esse respeito, a "literatura nordestina", com Jorge de **Lima*** (1895-1953), José **Lins do Rego*** (1901-1957) e, principalmente, Jorge **Amado*** (1912-2001), cuja obra é uma longa exaltação das belezas e sortilégios da Bahia, cidade negra por excelência, em que os atabaques soam na noite para chamar os deuses da África, que "com seus vestidos mais belos, bailando os mais doidos bailados" e em que "as iaôs cantarão em nagô os cânticos de saudação" (*Bahia de Todos os Santos*, 1944).

• J. AMADO, *Bahia de Todos os Santos, Guia das ruas e dos mistérios da cidade de Salvador*, São Paulo, Martins, 1944. – A. AZEVEDO, *O mulato*, São Luís, Frias, 1881, e in *Obras completas*, Paris, Garnier, 1897. – A. CASTRO ALVES, *Poesias completas*, São Paulo, Cia. Ed. Nacional, 1952. – L. GAMA, *Primeiras trovas burlescas*, Rio, Pinheiro, 1861. – B. GUIMARÃES, *A escrava Isaura*, Rio, Garnier, 1875. – J. DE LIMA, *Obra completa*, Rio, Aguilar, 1958. – A. F. LIMA BARRETO, *Obras*, São Paulo, Ed. Brasiliense, 17 vol., 1948 ss. – J. LINS DO REGO, *Romances reunidos e ilustrados*, Rio, J. Olympio, 5 vol., 1960-1961. – J. M. DE MACEDO, *As vítimas algozes*, Rio, Tip. Americana (vol. I), Tip. Perseverança (vol. II), 2 vol., 1869. – J. NABUCO, *Obras completas*, São Paulo, Ipê, 19 vol., 1947-1949.

P. TEYSSIER

ALCÂNTARA MACHADO Antônio de, 1901-1935

Nascido em São Paulo. Depois de se formar em direito, orienta-se para o jornalismo e a política. Mas esse herdeiro de uma família importante sente-se solidário com uma geração de revoltados. Une-se aos modernistas e dirige duas publicações de vanguarda:

Terra roxa e outras terras (1926) e *Revista de Antropofagia* (1928). Após uma viagem à Europa, publica *Pathé-Baby* (1926), relato que dessacraliza as referências européias caras ao Brasil da época. Depois vem *Brás, Bexiga e Barra Funda* (três bairros italianos de São Paulo) em 1927, doze contos sobre os imigrantes italianos, cuja assimilação coloca um grave problema social. Nessa obra, oferece um modelo de prosa modernista numa linguagem ágil, com colagens cubistas e diálogos numa fala macarrônica. A Alcântara Machado devemos também os contos de *Laranja da China* (1928), uma monografia histórica sobre os jesuítas fundadores de São Paulo (*Anchieta na capitania de São Vicente*, 1929), um romance póstumo seguido de contos (*Mana Maria*, 1936) sobre as famílias paulistas já decadentes, e ensaios de crítica teatral e literária (*Cavaquinho e saxofone*, 1940). Também se interessou pelo folclore, cujo conhecimento lhe parecia indispensável para construir uma cultura brasileira autêntica (*Lira Paulistana*).

• *Obras*, Rio, Civilização brasileira, 7 vol., 1983 ss.

➢ Modernismo.

M. CARELLI

ALENCAR José Martiniano de, 1829-1877

Nascido no Ceará. Esse estado, em que passou sua infância, deixou nele uma marca indelével, bem visível na sua obra. Com a família, estabeleceu-se no Rio de Janeiro, onde fez seus estudos de Humanidades. Cursa as faculdades de Direito do Recife e de São Paulo. De volta ao Rio, dedica-se ao jornalismo, à advocacia e à política, em que exerce funções importantes. Publica crônicas na imprensa e estréia na literatura com estudos críticos sobre *A Confede-*

ração dos Tamoios (1856), poema épico de Gonçalves de Magalhães. Os princípios de estética e de poética que formula nesses textos, sob a inspiração dos românticos franceses, são fundamentais. Além de romances e peças de teatro, deixou crônicas, obras críticas, estudos filológicos e escritos políticos e jurídicos.

Com base em suas idéias críticas, pode-se dividir sua obra de ficção em três grupos. O primeiro compreende seus romances indianistas e históricos. *Ubirajara* (1874), romance indianista puro, é uma evocação do Brasil pré-colombiano. *O guarani* (1857) e *Iracema* (1865), romances indianistas e históricos, mostram os contatos iniciais entre o colonizador português e os índios, de que resulta a fusão dos dois povos que estão na origem do Brasil. Nessas três obras domina o tom épico-lírico, mas, por sua concepção e pela linguagem na qual é escrita, *Iracema* é considerada acima de tudo um poema em prosa. Romances históricos, *As minas de prata* (1864-1865) e *A guerra dos mascates* (1873-1874) salientam a avidez dos portugueses em conflito com os interesses da colônia. Acrescentem-se a eles três novelas agrupadas sob o título geral de *Alfarrábios ou crônicas dos tempos coloniais* (1873).

Um segundo grupo, que se refere ao Brasil independente (1822), é ambientado no mundo rural das fazendas (*O tronco do ipê*, 1871, *Til*, 1872) e no das estâncias do Sul (*O gaúcho*, 1870), que perpetuam, segundo Alencar, o"modo de vida colonial". *O sertanejo* (1876), que remonta ao período colonial, é indispensável para conhecer o início do cangaço, concebido como um meio de defesa no contexto da penetração no sertão e das lutas interfamiliares.

O terceiro grupo é o dos romances urbanos, situados no Rio de Janeiro do reinado de dom Pedro II: *Cinco minutos* (1856), *A viuvinha* (1860), *Lucíola* (1862), *Diva* (1864), *A pata da gazela* (1864-1865), *Sonhos d'ouro* (1872), *Senhora* (1875), *Encarnação* (1893). Neles, Alencar pinta a vida na capital, sob a influência da presença estrangeira que altera as tradições e os valores herdados da época colonial. Essa perspectiva coincide com a temática romântica, na qual tudo gira em torno do amor, seja degradado, seja puro, e nesse caso fator de reabilitação ou de integração numa sociedade marcada pela ascensão da classe burguesa e pelo poder corruptor do dinheiro. Essa visão é objetiva e até "realista". O teatro, com exceção do drama histórico *O jesuíta* (1875), apresenta as características desse terceiro grupo.

Nos romances de Alencar, a natureza brasileira está sempre presente, com suas diferenças regionais; harmoniza-se com a temática e contribui para o lirismo. Além disso, seus livros são escritos numa linguagem que pretende legitimar as modalidades particulares do português do Brasil. Essas características favorecem o ambicioso projeto do escritor: representar o Brasil em sua totalidade e, com isso, contribuir para fundar sua identidade. Daí a presença fecunda de Alencar e a posição permanente que ele ocupa na vida intelectual e no imaginário do povo brasileiro.

• *Obra completa*, Rio, Aguilar, 4 vol., 1959-1960. – *Obras de ficção*, Rio, José Olympio, 16 vol., 1951 (numerosas reed. de obras separadas).

➢ Indianismo; Modernismo; Romantismo; Teatro.

J. A. CASTELLO

ALMEIDA Manuel Antônio de, 1836-1861

Nascido no Rio, esse escritor é homem de uma só obra, *Memórias de um sargento de milícias*, publicada anonimamente, primeiro em folhetim no *Correio Mercantil* (1852-1853), depois em dois volumes (1854-1855). Leonardo é um anti-herói próximo da tradição oral, que prefigura o Macunaíma de Mário de **Andrade***. Estamos nos meios populares do Rio e as primeiras palavras ("Era no tempo do rei") fazem pensar numa história para crianças. Projetando a ação no passado, o autor dissimula sua crítica ao presente. É o que parece quando se lê o romance no jornal em que foi publicado em folhetim. O folhetim e o jornal falam, ambos, das mesmas coisas, mas de um ângulo diferente: festejos barulhentos, badernas de arruaceiros, policiais em ação (que o romance ridiculariza na figura do inspetor Vidigal). Esse documento psicológico e social sobre o Brasil do século passado, insólito em pleno período romântico, conserva hoje toda a sua vitalidade original. A utilização do linguajar cotidiano dá cor e vigor ao relato. O fato de ele ter sido reeditado, adaptado para o teatro, utilizado como samba-enredo no carnaval e em histórias em quadrinhos, atesta sua popularidade.

• *Memórias de um sargento de milícias*, São Paulo, Ática, 1998. – *Dois amores*, 1861 (drama lírico).

➢ Romantismo.

C. DE LARA

ALVARENGA PEIXOTO Inácio José de, 1744-1793 ➢ Arcadismo.

ALVES Antônio de Castro, 1847-1871, ➢ Castro Alves A. de.

AMADO Jorge, 1912-2001

Romancista nascido no meio dos cacauais do sul da Bahia, na época das lutas pelo cultivo das terras (cf. *O menino Grapiúna*). Aos dezoito anos escreve seu primeiro romance, que reflete a inquietude de uma parte da sua geração. Mas o interesse do jovem escritor logo se volta para os temas da miséria do povo brasileiro. Em 1937, *Capitães da areia* é apresentado como o último dos "seis romances da Bahia" nos quais o autor, a partir da sua experiência pessoal, quis pintar com realismo alguns dos aspectos mais característicos da "estranha humanidade" que povoa sua região. Já conhecido desde o grande sucesso de *Jubiabá,* em 1935, como um jovem escritor engajado, cujos romances entusiasmam uns e escandalizam outros, é preso pela primeira vez em 1936 como militante comunista. Depois de solto, faz uma viagem de vários meses pela América Latina e pelos Estados Unidos, mas é detido de novo ao voltar e 1.700 exemplares de seus seis romances são queimados em praça pública. De 1938 a 1943, sempre às voltas com as perseguições do governo brasileiro, vive ora no Rio ou em São Paulo, ora no exílio em Buenos Aires ou Montevidéu, escreve e publica as biografias de **Castro Alves***, o grande poeta da Abolição, e do militante comunista Luís Carlos Prestes.

Com *Terras do sem fim* (1943) e *São Jorge dos Ilhéus,* 1944, o romancista volta ao cenário da sua infância e dá uma dimensão épica às lutas sangrentas do início do século entre os grandes fazendeiros e à ruína destes, vinte e cinco anos mais tarde, em benefício dos negociantes e exportadores ligados ao capitalismo internacional. Jorge Amado passa a ser considerado então um dos mestres do romance brasileiro.

No fim da Segunda Guerra Mundial, o retorno à democracia lhe permite exercer uma atividade política intensa, principalmente como deputado. Mas em 1948 tem de se exilar de novo, primeiro em Paris, depois na Tchecoslováquia (1950). Participa então de vários movimentos e congressos internacionais, sobretudo nos países do Leste europeu (cf. Zélia Gattai, *Senhora dona do baile* e *Jardim de inverno*, 1984 e 1988). De volta ao Brasil em 1952, publica a trilogia *Os subterrâneos da liberdade* (1954), afresco da vida política brasileira sob o regime de ditadura instaurado em 1937, colabora para numerosos jornais e viaja pelo mundo inteiro. Seus livros são traduzidos nas mais diversas línguas. Mas em fins de 1955 começa a se distanciar da militância política e se consagra inteiramente às suas atividades de escritor, dirigindo ao mesmo tempo um jornal de cultura popular, *Para Todos*.

Foi sem dúvida por isso que quiseram enxergar uma ruptura na obra do escritor quando ele publicou, em 1958, *Gabriela, cravo e canela*. Mas, se é verdade que *Gabriela* assinala, segundo o próprio autor, uma "etapa nítida de uma outra época" da sua obra, esse contraste não significa que à fase "revolucionária" de denúncia social sucederia uma fase de indiferença aos problemas de sociedade e que o defensor apaixonado dos humildes e dos oprimidos tenha se tornado um contador divertido e um tanto ou quanto picante de histórias folclóricas. "Há uma unidade em minha obra", declarava em 1974, "a favor do pobre, do oprimido, do explorado." Há coisa mais natural do que reconhecer, dentro da unidade fundamental da sua obra, etapas a que correspondam maneiras diversas de ver e de mostrar, de recriar e de representar o real? Sem dúvida é um erro de leitura opor um Jorge Amado combatente a um Jorge Amado desmobilizado, que teria se tornado um simples humorista. Na realidade, ele nunca deixou de combater por meio do humor. Mas há várias formas de humor. O que é verdade é que o humor tornou-se a arma favorita, para não dizer exclusiva, do escritor, cujo único engajamento passou a ser, como ele diz numa página preliminar de *Tocaia Grande*, o de "digo não quando dizem sim em uníssono" – não a todas as ideologias ("Não seriam as ideologias a grande desgraça do nosso tempo?"), não a todas as doutrinas e a todos os doutrinamentos, a todo espírito de sistema, não aos preconceitos e ao racismo, ao autoritarismo, à intolerância, ao fanatismo e, definitivamente, a todos os *ismos*.

O imenso sucesso de *Gabriela* nunca se desmentiu, e todos os romances publicados depois apenas consagraram a popularidade de Jorge Amado. Foi eleito por unanimidade em 1961 para a Academia Brasileira de Letras, recebeu numerosos títulos honoríficos tanto no Brasil como no exterior, e sua obra, várias vezes coroada com diversos prêmios, é objeto de estudos e teses universitárias. Em março de 1987 foi inaugurada em Salvador, no famoso Largo do Pelourinho, tantas vezes evocado em seus romances, a sede de uma fundação que leva seu nome: a "Casa de Jorge Amado".

• Obras publicadas, a maioria em São Paulo pela ed. Martins. – **Romances:** *O país do carnaval*, 1931; *Cacau*, 1933; *Suor*, 1934; *Jubiabá*, 1935; *Mar Morto*, 1936; *Capitães da areia*, 1937; *Terras do sem fim*, 1943; *São Jorge dos Ilhéus*, 1944; *Seara Vermelha*, 1945; *Os subterrâneos da liberdade*, 3 vol., 1954; *Gabriela, cravo e canela*, 1958; *Os velhos marinheiros*, 1961; *Os pastores da noite*, 1964; *Dona Flor e seus dois maridos*, 1966; *Tenda dos milagres*, 1969; *Tereza Batista cansada de guerra*, 1972; *Tieta do Agreste*, 1977; *Farda, fardão, camisola de dormir*, 1979; *Tocaia Grande*, 1984; *O sumiço da santa*, 1988. – **Diversos:** *ABC de Castro Alves*, 1941; *O Cavaleiro da Esperança*, 1942; *Bahia de Todos os Santos*, 1942; *O menino Grapiúna*, 1981; *Conversations avec Alice Raillard*, Gallimard, 1990.

➢ Africanas da cultura brasileira (Fontes); Modernismo.

J. ORECCHIONI

ANCHIETA José de, 1534-1597 ➢ Teatro.

ANDRADA E SILVA José Bonifácio de, 1763-1838 ➢ Romantismo.

ANDRADE Carlos Drummond de, 1902-1987 ➢ Drummond de Andrade C.

ANDRADE Jorge, 1922-1984 ➢ Teatro.

ANDRADE Mário de, 1893-1945

Romancista, poeta, musicólogo, folclorista e funcionário público, tudo isso foi Mário de Andrade, uma das personalidades mais ricas e mais complexas do Brasil, sofria com essa multiplicidade: "Eu sou trezentos, sou trezentos-e-cincoenta / mas um dia afinal eu toparei comigo."

No começo da vida, professor de música, publica em 1917 um livro de poemas ainda muito retóricos: *Há uma gota de sangue em cada poema*. Só em 1922 escreve sua primeira obra modernista, num estilo polêmico e humorístico: *Paulicéia desvairada*. No prefácio, define-se como "um índio tupi que toca alaúde". Nesse ano, é um dos animadores da famosa Semana de Arte Moderna de São Paulo. Em 1925, oferece em *A escrava que não é Isaura* (alusão a *A escrava Isaura*, 1875, romance de Bernardo **Guimarães**), uma doutrina poética ao **Modernismo***: "A obra de arte é uma máquina de produzir emoções." Prega a restauração do "furor sagrado", na qual as idéias se entregam ao fluxo das imagens. Aplica essa teoria em *Losango cáqui* (1926) e ressalta a importância do inconsciente para o poeta "vidente". Colabora durante esse período para as principais publicações de vanguarda, como *Klaxon* (1922) e *A Revista* (1924).

Num segundo período, ele se interessa principalmente por temas nacionais, utilizando os dados da etnografia e do folclore. Em 1924, empreende com amigos modernistas e com Blaise Cendrars uma longa viagem de exploração pelo Brasil profundo. Estuda a obra do etnólogo alemão Koch-Grünberg, *Vom Roraima zum Orinoco* (Berlim, 1917), e se inicia no pensamento freudiano. Em 1927, faz uma nova viagem à Amazônia, indo até o Peru. As informações assim recolhidas lhe servem para escrever um livro de poesias, o *Clã do jabuti* (1927) e, principalmente, *Macunaíma* (1928), sua obra-prima, espécie de *Odisséia* brasileira, recheada de citações, de símbolos, de metáforas e de alegorias, e escrita numa linguagem decididamente diferente do português europeu. O protagonista, Macunaíma, é uma espécie de anti-herói ou, como diz o autor, um"herói sem nenhum caráter", que não pára de repetir "Ai, que preguiça!"e fica perplexo com a indefinição da sua cultura.Viaja ao mesmo tempo pela imensidão do território brasileiro real e pelos espaços indefinidos de uma Amazônia mítica, até São Paulo, verdadeiro ogro de uma modernidade devoradora. Macunaíma sobe ao céu, onde é metamorfoseado numa estrela "de brilho inútil". Esse desenlace mitológico resolve a estrutura labiríntica da obra, sem com isso nos esclarecer o que é esse herói indefinido. Numa carta datada de 1927, Mário de Andrade dirá sobre *Macunaíma* que "nem a gente não pode bem dizer que é indianista. O fato dum herói principal de livro ser índio não implica que o livro seja indianista. A maior parte do livro se passa em São Paulo. Macunaíma não tem costumes índios, tem costumes inventados por mim e outros que são de várias classes de brasileiros. O que procurei caracterizar de mais ou menos foi a falta de caráter do brasileiro que foi justamente o que me frapou quando li o tal ciclo de lendas sobre o herói taulipangue. Os caracteres mais principais que a gente percebe no livro são a sensualidade, um gosto pelas bobagens, um certo sentimentalismo melando, heroísmo, coragem e covardia misturados, uma propensão pra política e pro discurso. Porém nem tive intenção de fazer um livro importante de psicologia racial não. Fiz o que me vinha na cabeça unicamente me divertindo e nada mais". A esse livro, em que se exprime "a aceitação sem timidez nem vanglória da entidade nacional", o autor acrescenta um prefácio em que conclui ser impossível formar, nesse período de transição, uma visão clara da "brasilidade".

Em 1934, Mário de Andrade é nomeado diretor do Serviço Cultural de São Paulo e, pouco depois, professor da Universidade do Brasil, no Rio de Janeiro. Será um dos responsáveis pelo Serviço dos Monumentos Históricos, depois pelo Instituto Nacional do Livro. Organiza um Primeiro Congresso da Língua Cantada. Musicólogo, escreve um *Ensaio sobre a música brasileira* e estudos sobre as *Danças dramatizadas do Brasil* e a música de feitiçaria, publicados *post mortem*. Continua suas pesquisas de crítica literária: *Aspectos da literatura brasileira* (1943), *O empalhador de passarinhos* (1944), e de história da arte, em particular sobre a pintura do padre Jesuíno de Monte Carmelo (1946). Além dos seus *Contos novos* (1946), Mário de Andrade publicou com o título de *Lira paulistana* uma coletânea poética de que faz parte a grandiosa "Meditação sobre o Tietê".

Personalidade particularmente rica, caracterizada ao mesmo tempo por uma viva curiosidade intelectual e uma perpétua inquietude existencial, Mário de Andrade mereceu ser chamado de "o papa do Modernismo". Ele exerceu uma enorme influência e é um dos melhores guias para a compreensão das múltiplas facetas da cultura brasileira.

• *Obras completas*, São Paulo, Martins, 20 vol., 1944 ss. – *O turista aprendiz*, São Paulo, Duas Cidades, 1976. – *Táxi e Crônicas no Diário Nacional*, São Paulo, Duas Cidades, 1976. – *A lição do amigo*, cartas de Mário de Andrade a Carlos Drummond de Andrade, Rio, J. Olympio, 1982. – *Macunaíma, o herói sem nenhum caráter*, ed. crít. T. Porto Ancona López, Florianópolis, Arquivos, 1988.

➢ Modernismo.

M. CARELLI

ANDRADE Oswald de, 1890-1954

Nascido em São Paulo. Em 1912, fez uma viagem à Europa, onde entrou em contato com os movimentos de vanguarda então em formação. Conclui em 1917 o curso da faculdade de Direito da sua cidade natal. Conhece o poeta Mário de **Andrade*** e o pintor Di Cavalcanti, com os quais organiza, em 1922, a Semana de Arte Moderna. Torna-se um dos líderes do **Modernismo***. Sua primeira obra é o romance *Os condenados* (São Paulo, Monteiro Lobato, 1922). Em 18 de março de 1924, publica no *Correio da Manhã* do Rio o *Manifesto da poesia Pau-Brasil*, em que prega uma poesia primitiva, libertada dos cânones acadêmicos e consagrada à pureza da paisagem e à pesquisa dos costumes nacionais. Em 1925, publica *Pau-Brasil* em Paris (Éd. Sans Pareil) e, em 1927, sempre em Paris (mesma ed.), o *Primeiro caderno do aluno de poesia Oswald de Andrade*, cujos poemas satíricos e parodísticos, em versos livres, sem métrica e extremamente concisos, são nitidamente influenciados pelo futurismo italiano e pela técnica do cinema. Seu romance *Memórias sentimentais de João Miramar* (São Paulo, Independência, 1924) segue os mesmos princípios do *Pau-Brasil*: é uma sátira da burguesia mundana, em capítulos claros construídos como uma seqüência de *flashes*.

Em 1928, lança o *Manifesto Antropófago* na *Revista de antropofagia*, São Paulo. Nele prega "a realidade sem complexos, sem loucura, sem prostituições e sem penitenciárias do matriarcado de Pindorama". Numa espécie de inversão do **Indianismo***, o "mau selvagem" devora as culturas estrangeiras que lhe são impostas. Depois de passar por sérias dificuldades financeiras, adere em 1930 ao Partido Comunista e lança, com Patrícia Galvão ("Pagu"), o jornal *O Homem do Povo*. Suas obras dessa época são nitidamente sociais e políticas. Assinalemos as peças de teatro *A morta*, *O rei da vela* (1937) e o romance *Serafim Ponte Grande* (Rio, Ariel, 1933). Em

1945 afasta-se da política militante e se dedica ao ensino universitário, como professor de literatura brasileira na faculdade de filosofia da Universidade de São Paulo. Data dessa época sua obra de ensaísta: *Ponta de lança* (1945), *A Arcádia e a Inconfidência* (1945), *A crise da filosofia messiânica* (1950) e *A marcha das utopias* (1966). Os críticos de hoje reconhecem o importante papel de Oswald de **Andrade***, que foi um dos principais renovadores da literatura brasileira por sua atitude polêmica e sempre socialmente engajada.

• *Estrela de absinto*, São Paulo, Hélios, 1927. – *A escada vermelha*, São Paulo, Cia. Editora Nacional, 1934. – *O homem e o cavalo*, 1934. – *Marco Zero I*, Rio, J. Olympio. – *A revolução melancólica* (1934), *Marco Zero II*, Chão, Rio, J. Olympio, 1945. – *Poesias reunidas*, São Paulo, ed. Gaveta, 1945. – *Um homem sem profissão*, 1954 (memórias).

➢ Modernismo; Teatro.

M. L. ARAGÃO

ANTONIL André João, 1649-1716

Sob esse pseudônimo português, esconde-se um jesuíta italiano, Giovanni Antonio Andreoni, nascido em Lucca. Aparece nas obras especializadas com o nome de Jean Antoine Andreoni (Aloys e Augustin de Backer, *Bibliothèque des écrivains de la Compagnie de Jésus*, I, col. 155, e Carlos Sommervogel, *id.*, col. 340) e de João Antônio Andreoni (Serafim Leite, *História da Companhia de Jesus no Brasil*, VII, 120-121).

Ingressando na Companhia de Jesus em Roma, em 1667, conhece o célebre jesuíta português Antônio **Vieira*** e foi com ele que, em 1681, partiu de Lisboa para o Brasil, respondendo assim à convocação das vocações européias para a evangelização dessa colônia. Secretário de vários provinciais, entre eles o padre Antônio Vieira, também acabou sendo provincial ele mesmo e como tal visitou as missões jesuíticas do Rio Grande do Norte e do Ceará. Teve vários outros cargos no colégio dos jesuítas da Bahia: professor de retórica, diretor da congregação dos estudantes, mestre de noviços e reitor, apesar dos diversos decretos do rei de Portugal que, a partir de 1690, vedaram aos religiosos estrangeiros o acesso a algumas dessas funções. Jurista renomado, tinha grande prestígio ante as autoridades civis e religiosas da Bahia e na corte de Lisboa, onde era considerado português. Deve-se notar, porém, sua parcialidade em favor dos seus compatriotas e sua hostilidade às idéias mais importantes defendidas pelo padre Vieira, notadamente sobre a liberdade dos índios e sobre os judeus.

É conhecido por um livro publicado em Lisboa em 1711, com o pseudônimo de André João Antonil: *Cultura e opulência do Brasil por suas drogas e minas com várias notícias curiosas do modo de fazer o açúcar; plantar e beneficiar o tabaco; tirar o ouro das minas e descobrir as de prata; e dos grandes emolumentos que esta Conquista da America meridional dá ao Reyno de Portugal com estes e outros gêneros e contratos reais*.

Essa obra é de uma importância fundamental para os historiadores que se interessam pelo Brasil colonial (fim do século XVII – início do século XVIII), pois dá uma descrição detalhada do modo de exploração dos principais produtos de exportação da época (açúcar, fumo, ouro, prata e couro), bem como um quadro das rendas anuais que a Coroa portuguesa obtinha com eles, e até um retrato da sociedade rural, desde os proprietários mais poderosos aos mais humildes escravos. Do ponto de vista da literatura, a obra apresenta também um grande interesse, pois toda a sua primeira parte constitui uma espécie de economia rústica aplicada ao setor da cana-de-açúcar e como tal é a única manifestação, na literatura de língua portuguesa, de uma tradição que, vinda de Varrão e de Catão, o Antigo, teve grande sucesso na Europa do século XVII ao século XIX, notadamente na França com Olivier de Serres e seu *Théâtre d'agriculture e Mesnage des champs* (*Teatro da agricultura e Manejo dos campos*), além das numerosas obras publicadas com o título de *Maison rustique* (*Casa rústica*). Além disso, encontramos aí esplêndidos exemplos de um estilo barroco de que o Padre Vieira foi o grande representante em Portugal.

Por pouco *Cultura e opulência do Brasil* não fica para sempre ignorada de todos: apesar de ter obtido as necessárias licenças de impressão, foi destruída por ordem do rei de Portugal, para impedir a divulgação no exterior de informações julgadas demasiado precisas acerca das riquezas do Brasil e sobretudo das vias de acesso às minas de ouro, recentemente descobertas. Pouquíssimos exemplares escaparam do pilão e das chamas, e só a partir do século XIX a obra começou a ser conhecida, em reedições parciais ou integrais, muitas vezes recheadas de incorreções.

• *Cultura e opulência do Brasil*, Lisboa, Officina Real Deslandesiana, 1711 (reed. com introd. e voc. A. P. Canabrava, São Paulo, Cia. Editora Nacional, 1967; fac-símile da ed. de 1711, com posfácio de J. A. Gonsalves de Mello, Recife, Museu do Açúcar, 1969; texto confrontado com o da ed. de 1711, com estudo bibliogr. de E. Taunay, nota bibliogr., voc. e índice, 2.ª ed., São Paulo, INL/Edições Melhoramentos, 1976). – Antonil também é autor de vários textos em latim.

A. MANSUY-DINIZ SILVA

ARANHA José Pereira da Graça, 1868-1931 ➢ Graça Aranha J. P. da.

ARCADISMO

Na segunda metade do século XVIII, o Brasil colônia, fiel reflexo de Portugal, se insurge contra o preciosismo da poesia (a prosa, por sua vez, permanece barroca). Nascem assim, centrados em Ouro Preto e no Rio de Janeiro, o Arcadismo e o Neoclassicismo, que evoluirão para o **Romantismo*** e se prolongarão até o início do século XIX.

Num primeiro tempo, se impõem, em Ouro Preto, Cláudio Manuel da **Costa** (1729-1789), o magistrado português Tomás Antônio **Gonzaga** (1744-1810) e Inácio José de **Alvarenga Peixoto** (1744-1793). C. M. da Costa reconheceu tudo o que devia ao **Barroco***, mas distanciou-se dele praticando o soneto clássico à maneira de Petrarca e Camões, e adotando o arcadismo sob a influência de Metastásio. Cultiva as principais formas arcádicas: sonetos, éclogas, idílios e cantatas. Quase toda a sua produção poética data de seus anos de estudo na Universidade de Coimbra, mas certas obras, como *Vila Rica*, poema épico sobre a penetração dos pioneiros, a descoberta do ouro e sobre a fundação de Ouro Preto, foram escritas no Brasil. Sensível ao contraste que opõe o universo das minas de ouro brasileiras, numa natureza selvagem e exuberante, ao harmonioso e tranqüilo campo arcádico, cenário idealizado de bucólicos idílios, compreendeu a inadequação da poesia arcádica à paisagem americana, sugerindo implicitamente a necessidade, para a literatura brasileira, de um modelo próprio.

Gonzaga não deve muito às idéias dominantes, graças ao caráter pessoal e subjetivo do ideal amoroso que exprime. Sacrifica seu amor e sua aspiração ao casamento participando, junto com Alvarenga Peixoto, da Inconfidência Mineira, conspiração que visava a independência do Brasil colonial. Com o fracasso do movimento, é preso e deportado. Apesar da utilização da linguagem mitológica e das metáforas pastoris, consegue dar toques autênticos à sua poesia, marcada por um forte epicurismo. O romantismo fez dele um mito – o de um homem que sacrificou um grande amor à liberdade da sua pátria adotiva.

Silva Alvarenga exprime com delicadeza e virtuosismo, em rondós e madrigais, seu amor a uma só musa. Abandonando o estilo mitológico, evoca certos traços próprios da natureza brasileira. Adepto da filosofia das Luzes, que chegara a Portugal, funda no Rio de Janeiro uma sociedade literária cujas idéias avançadas iam levá-lo à prisão. Em seu poema *O desertor*, celebra a reforma da Universidade de Coimbra. Deixou escritos teóricos e também uma tradução – adaptação do poema "Les Arts", de Dorat.

O frei Santa Rita **Durão** (1722-1784) e José Basílio da **Gama** (1740-1795) – ex-aluno dos jesuítas – foram viver em Portugal. Como Cláudio Manuel da Costa em seu poema épico, mas numa perspectiva diferente, eles confrontam o colonizador com o índio. Explorando em *Caramuru* (1781) a lenda de Diogo Álvares Correia, que com o nome de Caramuru se tornara, no século XVI, chefe dos índios, ele evoca os contatos e os conflitos entre portugueses e indígenas. Construída como *Os Lusíadas*, é uma obra de feitura neoclássica. Basílio da **Gama** conta em seu poema *O Uraguai* (1769) as lutas que, após o tratado de Madri (1750), opuseram os portugueses aos índios das "Sete Missões", catequizados pelos jesuítas. Tomando certas liberdades formais, atinge no poema um nível até então desconhecido na poesia de inspiração indianista.

Num segundo período, quando a influência francesa se impõe paralelamente à influência italiana, o padre Antônio Pereira de **Souza Caldas** (1762-1814), o frei Francisco de **São Carlos** (1768-1829), José Bonifácio e D. **Borges de Barros** (1779-1855) adotam uma temática que anuncia o romantismo: inspiração bíblica, idéias tomadas de Rousseau, sentimento religioso, amor à pátria, celebração da liberdade, lirismo amoroso fortemente marcado pela sensualidade se exprimem em formas que tendem a se libertar e numa linguagem que admite termos típicos do Brasil. Ruma-se assim para o Romantismo, quando os escritores brasileiros procurarão conscientemente imprimir em suas obras um cunho nacional e substituirão os modelos portugueses até então dominantes por modelos franceses.

• I. J. DE ALVARENGA PEIXOTO, "Poesias" e "Correspondência", in M. R. LAPA, *Vida e obra de Alvarenga Peixoto*, Rio, INL, 1960. – J. B. DE ANDRADE E SILVA, *Poesias*, fac-símile da ed. de 1825, Rio, ABL, 1942. – D. BORGES DE BARROS, *Poesias [...]*, Paris, Aillaud, 2 vol., 1825. – SÃO CARLOS, *A Assunção*, Rio, Garnier, 1862. – C. M. DA COSTA, *Obras poéticas*, ed. J. Ribeiro, Rio, Garnier, 2 vol., 1903. – J. DE SANTA RITA DURÃO, *Caramuru*, Rio, Garnier, s.d. – J. B. DA GAMA, *Obras poéticas*, ed. J. Veríssimo, Rio, Garnier, s.d. – T. A. GONZAGA, *Obras completas*, ed. M. R. Lapa, Rio, INL, 2 vol., 1957. – M. I. DA SILVA ALVARENGA, *Obras poéticas*, ed. J. Norberto, Rio, Garnier, 2 vol., 1864. – A. P. DE SOUZA CALDAS, *Obras poéticas*, ed. F. B. G. Stockler, Paris, Rougeron, 2 vol., 1920-1921.

J. A. CASTELO

ASSIS Joaquim Maria Machado de, 1839-1908 ➢ Machado de Assis J. M.

AZEVEDO Aluísio, 1857-1913

Romancista nascido em São Luís do Maranhão, capital do Estado agrícola decadente, dominado por uma sociedade patriarcal, conservadora e escravocrata. Seu pai, o cônsul David Gonçalves de

Azevedo, era o representante local de Portugal, que conservou, mesmo depois da independência do Brasil, uma forte influência econômica e cultural no norte do país. Como seu irmão mais velho Artur, futuro dramaturgo, faz seus estudos primários em São Luís, mas a situação financeira da família não lhe permitiu terminar os estudos secundários e entrar para a universidade.

Comerciário desde os 13 anos, Aluísio Azevedo é um autêntico autodidata. Mantém relações com os jovens intelectuais formados no Recife nos ideais republicanos, positivistas e anticlericais e interessa-se principalmente pela pintura e a caricatura. Uma estada de dois anos no Rio (1876-1878) lhe permite completar sua formação e se impregnar das novas idéias. Deixando a pintura pela caricatura e o jornalismo, participa em 1878, no Rio, dos debates literários e ideológicos que marcam a publicação de *O primo Basílio*, romance realista do português Eça de Queirós.

De volta a São Luís, publica em 1880 seu primeiro romance, *Uma lágrima de mulher*, obra romântica escrita antes da sua estada no Rio. Em 1881, a publicação de *O mulato* constitui um verdadeiro marco na vida literária do Maranhão e do Brasil inteiro, abrindo caminho para o naturalismo. Foi também um acontecimento social, porque nele vemos como um mulato europeizado é eliminado por uma sociedade conservadora e racista. Esse mulato não é apenas um personagem de ficção, mas torna-se o esteio de uma tese política, social e racial. Aluísio Azevedo preconiza o advento de uma sociedade organizada de acordo com os princípios do positivismo, de uma República liberal, laica e desprovida de preconceitos raciais.

O mulato assinala o início da verdadeira carreira literária de Aluísio Azevedo, que ia durar quinze anos. O romancista reside então no Rio. Constitui-se, conforme a opinião geral de seus contemporâneos, uma exceção no mundo literário brasileiro. De fato, é no fim do século XIX o único a viver exclusivamente da sua atividade de jornalista, romancista e eventualmente autor de teatro. Para possibilitar o nascimento de uma literatura nacional, trava um combate tenaz contra a pirataria literária e o verdadeiro colonialismo exercido pela França e Portugal. Luta pelo reconhecimento dos direitos autorais e pelo respeito à propriedade literária.

Numa época em que a criação literária e a difusão dos livros são condicionadas pelo gosto dos leitores, grandes consumidores de folhetins traduzidos do francês e publicados nos jornais, Aluísio Azevedo tenta aclimatar ao Brasil o romance naturalista. Joga com as ambigüidades do folhetim, gênero que praticou com sucesso ao longo de quinze anos. Acreditava que esses romances híbridos, que alternavam com obras em que dominava a estética naturalista, fariam o gosto do público evoluir.

Casa de pensão (1883) é um fino estudo dos costumes da burguesia do Rio de Janeiro e de São Luís. Em 1885, projeta escrever uma versão brasileira dos *Rougon-Macquart* de Zola. Não realiza essa ambição, mas publica em 1890 *O cortiço*, quadro notável da sociedade brasileira em formação no fim do Império. Nesse vasto retrato, em que encontramos certos temas de *O mulato*, o povo, como ator coletivo, ocupa uma posição de primeiro plano.

O cortiço é a obra maior de Aluísio Azevedo, e também seu último romance naturalista. Em 1893, *O livro de uma sogra* marca uma ruptura. O autor distancia-se do naturalismo, passando a dar mais importância aos estudos psicológicos e às considerações filosóficas. É nomeado cônsul no exterior em 1896, e sua partida definitiva do Rio interrompe o que talvez viesse a ser uma nova fase da sua criação literária. Continua a escrever, mas não publica nada durante a sua carreira diplomática, que o leva à Espanha, Japão, Grã-Bretanha, Itália e Argentina, onde morre em 1913.

• *Obras completas*, Paris, Garnier, 1897; reimpr. Briguiet, Rio e São Paulo, Martins. – *O mulato*, São Luís, Frias, 1881. – *Casa de pensão*, Rio, Santos, 1883. – *A coruja*, Rio, Montalverne, 1887. – *O homem*, Rio, A. de Castro e Silva, 1887. – *O cortiço*, Paris e Rio, Garnier, 1890. – *O livro de uma sogra*, Rio, Magalhães, 1993.

➢ Africanas da cultura brasileira (Fontes).

J.-Y. MÉRIAN

AZEVEDO Álvares de, 1831-1852 ➢ Romantismo; Teatro.

B

BANDEIRA Manuel, 1886-1968

Poeta nascido no Recife, onde passa uma parte da infância. Estuda Humanidades no Rio. Em 1904, quando começa a estudar arquitetura, é bruscamente atacado de tuberculose. Sua vida passa a ser uma seqüência de longas estadas nas estações climáticas brasileiras e estrangeiras. Em 1913, parte para a Suíça (Clavadel), onde ficará um ano em companhia de Eugène Grindel, o futuro Paul Éluard. De volta ao Brasil, sozinho, perde sucessivamente todos os membros da família. Fixa residência no Rio. Precisa garantir sua existência material. Publica críticas musicais, traduz poemas, romances, peças de teatro, dá aulas de literatura, organiza antologias, escreve uma biografia de **Gonçalves Dias***, crônicas: *Crônicas da província do Brasil, Flauta de papel, Andorinha, andorinha,* um guia turístico, *Guia de Ouro Preto* e, em 1954, uma autobiografia literária,

Itinerário de Pasárgada. Mas é por sua obra lírica que ingressa na Academia Brasileira de Letras (1940).

Seu aprendizado da poesia se inspira nas fontes francesas e portuguesas. Seus dois primeiros livros de poemas, *A cinza das horas* (1917) e *Carnaval* (1919), são marcados pelo parnasianismo e pelo simbolismo, mas já trazem os germes da sua obra futura: rima e ritmo são o suporte da tristeza e do desespero. Sente-se despontar o humor, mas a morte está sempre presente. Seu poema contra os abusos dos parnasianos,"Os sapos", torna-se o"canto de guerra da nova geração". Será declamado em 1922 durante a Semana de Arte Moderna, mas o poeta se recusa a participar do evento. *O ritmo dissoluto* (1924) assinala uma transição para uma espécie de depuração poética, de liberdade total, que se consumará em *Libertinagem* (1930):"Não quero mais saber do lirismo que não é libertação."Os livros posteriores (1936-1958) continuarão a experiência: *Estrela da manhã, Lira dos cinqüent'anos, Belo Belo, Opus 10, Estrela da tarde,* em que, sem convicção, tentará a poesia concreta. *Mafuá do malungo* é apenas um conjunto de poemas circunstanciais.

Toda a obra de Manuel Bandeira traz a marca da morte, essa "dama branca"tão familiar, e de um eterno sentimento de frustração que precisa superar pelo sonho, para alcançar aquela Pasárgada –"Vou-me embora pra Pasárgada" – em que será vingado da adversidade. Sua infância, suas lembranças, sua família –"Evocação do Recife"–, seu humor –"Não sei dançar"– são maneiras de fugir dessa realidade cerceadora. Seus poemas se articulam em torno de um jogo de oposições: vida-morte, real-imaginário, conformismo-insatisfação; a rosa e a estrela são os símbolos dessa felicidade acessível ou intangível. Bandeira é o poeta dos humildes – negros e brancos estão reunidos nele –, mas nunca é um poeta social:"Sou poeta menor, perdoai"; é pintor da alma e artesão da palavra: "Antes de conhecer Mallarmé, compreendi que a poesia está nas palavras", diz ele. Capta o mundo exterior mais pelo som do que pela imagem: acalanto, balada, noturno são títulos evocadores. Apela para o folclore, para as brincadeiras infantis, é o primeiro a utilizar o verso livre (em 1912) e da rima passa para as harmonias imitativas e para o universo melódico contemporâneo do contraponto. Mário de **Andrade*** apelidou-o de "São João Batista do Modernismo".

• *Poesia e prosa*, Rio, Aguilar, 2 vol., 1958. – "A versificação em língua portuguesa" in *Enciclopédia Delta-Larousse*, Rio, Delta, 1964. – *Estrela da vida inteira*, Rio, J. Olympio, 1966 (poesia). – *Andorinha, andorinha*, Rio, J. Olympio, 1966 (prosa).

➢ Modernismo.

J. PENJON

BARBOSA Rui, 1849-1923

Político e escritor brasileiro, uma das grandes figuras representativas das elites culturais e literárias do seu país entre os dois séculos. Dono de uma prodigiosa memória e um vocabulário excepcional, Rui Barbosa encarna a inteligência e o talento verbal, e maneja a retórica como grande artista, para defender a democracia jurídica da República brasileira nos seus primórdios. Chama a atenção para si na década de 1880 como paladino da causa abolicionista, depois por seus estudos de uma reforma do ensino e, em 1890, de um plano financeiro visando a industrialização do país. Em suas *Cartas de Inglaterra* (1896), originalmente enviadas para o *Jornal do Comércio* quando, no início da década de 1890, era exilado político em Londres, comenta com lucidez o caso Dreyfus. Fica célebre por sua *Réplica* (1902), "réplica aos defensores da redação do projeto de Código Civil", considerada um dos pontos mais altos da arte oratória, e por sua *Oração aos moços* (1920). Representa o Brasil, em 1907 e 1921, no Tribunal de Justiça de Haia. Apesar da sua erudição e do seu purismo lingüístico, o advogado e o político absorveram o artista que existia nele. Daí seu estilo oratório e solene.

• *Obras completas*, Rio, Casa de Rui Barbosa (publ. em curso).

L. VASSALLO

BARRETO Afonso Henriques Lima, 1881-1922 ➢ Lima Barreto A. H.

BARROCO

Englobando literatura, arquitetura, pintura e música, o Barroco brasileiro se situa no século XVII, em pleno período colonial. Seus modelos, que a Companhia de Jesus contribuiu para impor, são portugueses, espanhóis e italianos. O Barroco literário compreende dois momentos sucessivos:

O primeiro, no século XVII e início do século XVIII, tem por centro Salvador. Lá se pratica a poesia lírica e satírica, e a arte dos sermões à maneira dos jesuítas. Entre os poetas, depois de mencionar Manuel Botelho de Oliveira e frei Manuel de Santa Maria Itaparica, devemos citar principalmente Gregório de **Matos Guerra** (1623-1696), um dos nomes mais representativos da poesia lírica e satírica de língua portuguesa do século XVII, na linha de Góngora e Quevedo. Poeta lírico, revela em seus sonetos a influência de Camões. Todos os temas do barroco estão presentes: o amor sensual, o *carpe diem* horaciano, a consciência do pecado e a esperança do perdão divino, numa atitude de compreensão e até de tolerância para com as fraquezas humanas. Sua poesia, que evoca a sociedade baiana da época – nobreza, clero, negros e mestiços, sem distinção de classes nem de cores –, às vezes descamba para a pornografia e apresenta, em suma, um retrato aviltante do que era então o principal centro do Brasil colonial. Daí um violento contraste entre sua poesia lírica e sua poesia satírica, de linguagem livre e às vezes grosseira, e as oscilações que se manifestam entre dois pólos: de um lado o homem barroco, de outro o poeta barroco cultista, à maneira de Quevedo.

Na mesma época, o padre jesuíta Antônio **Vieira*** (1608-1697) pode ser definido como pregador barroco conceptista. Sua ação como pregador e missionário foi importante em Salvador e em São Luís. Vieira exprime o que foram, tanto em Portugal como no Brasil colonial, os objetivos e os métodos da Companhia de Jesus. Seus sermões e sua correspondência trazem à luz os principais problemas da sociedade brasileira da época: relações dos colonos portugueses com os índios, catequização e invasão holandesa. Exemplo maior do barroco na sua forma conceptista, Vieira influenciou os outros pregadores, como o padre Eusébio de Matos, na Bahia, e o padre Antônio de Sá, no Rio. Será o modelo predileto de Rui **Barbosa***.

O segundo momento da história do Barroco brasileiro se situa no século XVIII, com o que chamamos de Movimento Academicista. Ele se concentra em Salvador e no Rio de Janeiro, mas também aparece em outros pontos do país. Nele encontramos: 1) festas comemorativas com iluminações, carrosséis, desfiles, danças, representações teatrais, solenidades religiosas e às vezes "atos acadêmicos", de que nos restam numerosas descrições; 2) "atos acadêmicos" únicos, cujas formas literárias, cuja temática e cuja língua (português, latim e às vezes espanhol, italiano e francês), são previamente definidas; 3) enfim, as academias, por seus estatutos e por uma programação de longo prazo, deviam elaborar obras geralmente históricas, ao mesmo tempo que organizavam sessões análogas aos "atos acadêmicos". Em todas essas atividades, copiam as instituições portuguesas similares. Submetidas à censura, as academias brasileiras se distinguem pelos elogios servis ao poder e por um excessivo preciosismo nos temas e nas formas poéticas. Mas sua contribuição é importante para a língua, a crítica literária e o folclore. Os principais cronistas e historiadores brasileiros do século XVIII tiveram vínculos com elas. Duas sobretudo merecem ser assinaladas: a Academia Brasílica dos Esquecidos (1724-1725) e a Academia Brasílica dos Acadêmicos Renascidos (1759), em Salvador. Os membros da primeira escreveram obras de história social, econômica, militar e religiosa sobre o Brasil colonial; os da segunda conceberam uma "história universal da nossa América", elaborada a partir de dissertações e de monografias. Mencionemos, entre essas obras, a *História da América portuguesa* de Rocha Pita e *Desagravos do Brasil e glórias de Pernambuco* do beneditino Loreto Couto.

• G. DE MATOS, *Obra poética*, Rio, Record, 2 vol., 1990. – A. VIEIRA, *Sermões*, ed. em fac-símile, São Paulo, Anchieta, 16 vol., 1943-1945; *Cartas*, Coimbra, Impr. da Univ., 3 vol., 1925-1928. – *O movimento academicista no Brasil, 1641-1820/1822*, ed. J. A. Castello, São Paulo, CEC, 1969-1978 (diversos).

J. A. CASTELLO

BASTIDE Roger, 1898-1974 ➢ Africanas da cultura brasileira (Fontes).

BILAC Olavo, 1865-1918

Poeta, jornalista e boêmio, Olavo Bilac destacou-se bem jovem por seu talento verbal. Considerado poeta oficial, exprimiu melhor que qualquer outro as tendências conservadoras da Primeira República. Designado"Príncipe dos poetas brasileiros", também é o príncipe das antologias. É o mais equilibrado e mais representativo dos parnasianos.

Poeta eloqüente, exprime-se com facilidade e seduz pelo brilho da sua frase e pela mensagem que encerra seu verso como uma chave de ouro. Seu prestígio começa com as primeiras *Poesias* (1888), que se abrem com uma "Profissão de Fé", em que o artista jura morrer pelo estilo. Ele gosta dos temas greco-romanos, do amor sensual, da beleza feminina, das grandes encenações, dos episódios épicos da história nacional, das navegações portuguesas: todos esses temas se adaptam à retórica do seu estilo, e a disparidade deles se apaga na unidade de uma expressão fácil. Seu primeiro livro já contém todas as particularidades do Parnasianismo brasileiro, com sua evolução que vai da objetividade ao subjetivismo, sua riqueza métrica que se manifesta por certas formas fixas importadas, pelo culto da palavra certa e da arte pela arte, pela correção da língua e dos versos, pela estrita economia do poema na adequação das partes ao todo. No entanto, desde o começo seu estilo se caracteriza por um lirismo de feitio clássico.

A obsessão pelo efeito caracteriza as melhores realizações da sua poesia acadêmica posterior. A insuficiência da sua imaginação artística e sua falta de sensibilidade com tudo o que concerne à condição humana são compensadas por descrições elaboradíssimas e por um hábil jogo de sensações e impressões. Em sua última obra, *Tarde* (1919), seu lirismo se faz mais filosófico e adquire cores outonais e crepusculares. Bilac também publicou volumes de prosa e obras didáticas.

• *Poesias,* São Paulo, Teixeira e Irmãos, 1.ª ed., 1888. – *Bob,* 1897. –"Sagres", *Jornal do Comércio,* Rio, 1898. – *Poesias infantis,* 1904.

➢ Parnasianismo.

L. VASSALLO

BOAL Augusto Pinto, nascido em 1931 ➢ Teatro.

BORGES DE BARROS Domingos, 1779-1855 ➢ Arcadismo.

C

CABRAL DE MELO NETO João, 1920-1999 ➢ Melo Neto J. C. de.

CAMPOS LEÃO José Joaquim de, 1829-1889 ➢ Qorpo-Santo.

CANTEL Raymond, 1914-1986 ➢ Cordel (Literatura de).

CARDOSO Lúcio, 1912-1968

Romancista, poeta, dramaturgo e pintor. Verdadeiro "expressionista tropical", Lúcio Cardoso é conhecido principalmente por sua obra-prima romanesca, *Crônica da casa assassinada*. Romance polifônico, construído a partir de uma montagem de cartas, testemunhos, confissões e fragmentos de diários íntimos, conta a decadência de uma família tradicional, a relação incestuosa entre a mãe e seu filho, a detenção de um travesti apoplético, as devastações da paixão. Essa "crônica" da desagregação de uma sociedade e do desmantelamento dos seres possui uma unidade orgânica impressionante.

Cardoso estreou na literatura com dois romances: *Maleita* (Rio, Schmidt, 1934) e *Salgueiro* (Rio, J. Olympio, 1935), que superavam, por sua violenta transfiguração do real, os limites do neo-realismo de então. Encontrou seu registro espiritualista num romance alucinante, de título revelador: *A luz no subsolo* (Rio, J. Olympio, 1936). Paralelamente ao romance, também procurou seu caminho na poesia, inquieta e de exuberante riqueza metafórica: *Poesias* (Rio, J. Olympio, 1941), *Novas Poesias* (Rio, J. Olympio, 1944), *Poemas inéditos* (Rio, Nova Fronteira, 1982). Dedicou vários anos ao teatro, como diretor e autor dramático: *O escravo*, (Rio, Zélio Valverde, 1945), *A corda de prata*, 1947 (Angélica, 1950). Publicou novelas perturbadoras, retratos corrosivos como *Mãos vazias* (Rio, J. Olympio, 1938), *O desconhecido* (Rio, J. Olympio, 1940), *O anfiteatro* (Rio, Agir, 1946) e *Professora Hilda* (Rio, Agir, 1946), além de uma série de relatos satânicos em torno do personagem ambíguo de Inácio (1944) e em *O enfeitiçado* (Rio, J. Olympio, 1954). Cardoso aparece ainda hoje, no Brasil, como um autor maldito, pois para esse visionário não há obra de arte sem obsessões, dessas que levam à loucura ou à morte.

➢ Modernismo.

M. CARELLI

CARVALHO Vicente de, 1866-1924 ➢ Parnasianismo.

CASTRO ALVES Antônio de, 1847-1871

Poeta. Em seu país, foi o último, e também o maior, dos adolescentes românticos. E o foi tanto pelas circunstâncias da vida como por sua obra. Apaixonado pela atriz Eugênia Câmara, escreve para ela *Gonzaga ou a revolução de Minas,* que foi encenada em Salvador. Com exceção de *Espumas flutuantes* (1870), todos os seus livros são póstumos. Dentro dos princípios da escola, sua obra evoluiu para o individualismo, e inova tanto por sua prática do lirismo como pela introdução da poesia épica. Seu nome está ligado à campanha pela abolição da escravatura. A expressão *condoreira* foi criada a propósito dessa arte engajada: o condor, grande ave sul-americana, simboliza a liberdade que se pretendia conceder aos escravos. Apesar disso a produção de Castro Alves ligada ao drama dos africanos é relativamente reduzida. Seu verbo indignado, vazado numa língua forte e precisa, exprime a recusa da exploração dos negros e transmite uma mensagem oratória de ritmo poderoso que interpela os que a ouvem. As metáforas, as comparações e as imagens sugerem a imensidão e o infinito. Castro Alves inicia sua obra no momento em que amadurece no país uma nova situação: o mundo rural está em crise e vê-se crescer a cultura urbana, com ideais democráticos e rejeição à moral escravocrata. Filho da burguesia liberal em expansão, o artista se abre às idéias mais avançadas do seu tempo. Sua inspiração segue duas temáticas: a oposição à tirania, que é de tipo hugoana, e o intimismo romântico com suas cadências à Lamartine e à Musset. Sua arte tem uma dupla significação histórica: de um lado segue uma linha anticlássica, de outro se opõe ao ultra-romantismo tão em voga no começo da sua carreira, porque suas primeiras composições dignas de ser mencionadas datam de 1864. Liberta-se assim do lirismo subjetivo, em benefício de melhores soluções poéticas, o que lhe confere certo realismo.

Por suas afinidades com o gosto poético nacional, por sua sensibilidade, sua linguagem e seus ideais, Castro Alves é considerado o poeta da raça brasileira. Nele, é plena a adequação entre a expressão poética, a natureza e o sentimento íntimo. Os elementos literários e extraliterários se equilibram. A considerar-se a quantidade de edições, é o poeta mais lido e admirado no Brasil.

• *Obra completa*, Rio, Aguilar, 1960.

➢ Africanas da cultura brasileira (Fontes); Modernismo; Romantismo; Teatro.

L. VASSALLO

CHAMIE Mário, nascido em 1933 ➢ Poesia.

COELHO NETO Henrique M., 1864-1934

Domina a literatura do país entre o crepúsculo do Naturalismo (últimos anos do século XIX) e a Semana de Arte Moderna (1922). Representa tudo o que o leitor culto do Brasil da Primeira República (1889-1930) aprecia: forma rebuscada, virtuosismo e superficialidade. Daí ter sido designado, em 1928, "príncipe dos prosadores brasileiros". É um grande isolado, situado acima dos grupos e das escolas que confluem em sua obra. Seu realismo se alimenta de uma curiosidade aliada a uma memória extraordinária; seu Parnasianismo se entrega ao amor sensual às palavras, que cultiva com virtuosismo; pratica o pitoresco romântico e o documento naturalista. Sua produção é de qualidade irregular devido à fertilidade: escreveu mais de setecentos contos, cerca de vinte romances e quarenta peças de teatro, centenas de crônicas, inúmeros textos críticos, conferências e memórias, num total de mais de cento e vinte volumes.

• *Obra seleta*, Aguilar, 1958. – *Miragem*, Rio, Domingos de Magalhães, 1895. – *O rei fantasma*, Rio, Leutner, 1895. – *Sertão*, Rio, Leutzinger, 1896. – *Inverno em flor*, Rio, Laemmert, 1897. – *O morto*, Laemmert, 1898. – *O rajá de Penjab*, 1898. – *A conquista*, Rio, Laemmert, 1906. – *A esfinge*, Porto, Lello, 1908. – *Banzo*, Porto, Lello. – *O rei negro*, Porto, Lello, 1914. – *Imortalidade*, 1923. – *Fogo fátuo*, Porto, Lello, 1928.

➢ Teatro.

L. VASSALLO

CONCEPTISMO ➢ Barroco.

CONCRETISMO ➢ Poesia no século XX.

CORDEL (Literatura de)

No Brasil, chama-se comumente *literatura de cordel* à literatura popular em verso cujo suporte material é constituído pelos *folhetos*, isto é, livrinhos de oito, dezesseis, vinte e quatro ou trinta e duas páginas, de papel ordinário, com uma capa também de papel, descorada, às vezes enfeitada com uma xilogravura. O formato é de 11 x 16 centímetros. Essas brochuras eram oferecidas antigamente pelos vendedores (geralmente ambulantes) penduradas em barbantes – *cordéis* – esticados na horizontal. É uma tradição de origem ibérica, que ressurge no Nordeste do Brasil em fins do século XIX e que permanece viva ainda hoje. Essa produção floresceu particularmente de 1930 a 1960. Permanece essencialmente artesanal mas, em São Paulo, uma empresa semi-industrial imprime brochuras de trinta e duas páginas ou mais, de um formato ligeiramente maior (13 x 18), que se aparentam mais a uma espécie de "subliteratura" de inspiração estrangeira.

A autêntica literatura de *folhetos de cordel*, principalmente mas não exclusivamente narrativa, permaneceu fiel a seu caráter primitivo de poesia oral, concebida como tal pelos autores (*cantadores* ou *trovadores*): a métrica, as rimas são sempre mais apropriadas ao ouvido que ao olho, e obedientes à prosódia particular do falar regional. Nas feiras das cidadezinhas do Nordeste, até mesmo das grandes cidades, o vendedor de *folhetos*, que às vezes é o próprio autor, é sempre um "declamador", que interpreta a história em versos diante de um círculo de ouvintes atentos, que só comprarão o folheto se este os agradar. A forma mais utilizada é a sextilha heptassílaba (*redondilha maior*) com rima nos versos pares (AB AB AB).

Os temas tratados são de uma variedade infinita, e os pesquisadores especializados, entre os quais cumpre destacar, na França, Raymond **Cantel** (1914-1986), sugerem numerosos esquemas de classificação por "ciclos" temáticos. Sem entrar nos detalhes, podemos assinalar notadamente a permanência de um ciclo heróico de remota origem medieval, com personagens como Carlos Magno e os doze Pares de França, Roberto o Diabo etc. Mais tarde, heróis locais entraram em cena, por exemplo, o vaqueiro ou o cangaceiro e também o Padre Cícero, um padre do Ceará "canonizado" pelo povo; num outro gênero, encontramos também anti-heróis, como João Grilo ou Cancão de Fogo, que exprimem a desforra do malandro esperto sobre os poderosos. O fantástico também tem seu lugar, é claro. Muito embora dê um espaço importante aos acontecimentos da atualidade local e internacional, o folheto preserva sua função poética de recriação e interpretação do real.

• *Literatura popular em verso*, Rio, MEC, 5 vol., 1962-1977.

J. ORECCHIONI

CORREIA Raimundo, 1859-1911 ➢ Parnasianismo.

COSTA Cláudio Manuel da, 1729-1789 ➢ Arcadismo; Teatro.

CRESPO Antônio Gonçalves, 1846-1883 ➢ Parnasianismo.

CRUZ E SOUSA João da, 1861-1898

Poeta. Era negro e filho de escravos emancipados. Recebeu uma educação excelente e constituiu no Rio de Janeiro o primeiro grupo simbolista. Pela força e originalidade, nada é comparável a seus *Broquéis* (1893), que, conservando as características parnasianas, mas integrando-as num novo código verbal, renova a expressão poética em língua portuguesa. Assim, a angústia sexual é sublimada e a questão racial se metamorfoseia numa obsessão pelo branco e pela luminosidade. Seus primeiros livros ainda compreendem termos litúrgicos na prosa de *Missal* (1893) e *Evocações* (1898). Nos poemas de *Faróis* (1900) e nos *Últimos sonetos* (1905), os elementos biográficos são diluídos. Supera suas tensões graças às ricas sonoridades pelas quais sugere uma busca pela transcendência. Sua originalidade fortíssima, que evoca o Baudelaire de "Correspondências", resulta do virtuosismo no manejo do vocabulário, das nuances das cores e do caráter insólito de seus humores.

• *Obras poéticas de Cruz e Sousa*, Rio, Instituto Nacional do Livro, 1945. – *Obra completa*, Rio, Aguilar, 1961.

➢ Parnasianismo; Simbolismo.

L. VASSALLO

CUNHA Euclides da, 1866-1909

Entra em 1886 na Escola Militar do Rio de Janeiro onde, sob a influência dos positivistas, sopra então um espírito liberal, mas E. da Cunha, abolicionista e antimonarquista, logo é expulso do exército. Começa em São Paulo uma carreira de jornalista de oposição, de tendência socializante. Reincorporado em 1889, quando do advento da República, pôde terminar seus estudos de engenharia e aperfeiçoar sua cultura científica e filosófica, como discípulo de Taine e Spencer, ao mesmo tempo que colaborava para diversos jornais.

Em 1897, é enviado como repórter ao interior da Bahia, onde, desde o fim do ano precedente, um aparato militar cada vez maior tenta em vão sufocar a população de Canudos, povoado tido como um antro de foras-da-lei fanáticos, os jagunços, reunidos em torno do líder carismático e provavelmente paranóico, Antônio Conselheiro. O que estava em causa não era apenas a ordem e a segurança, mas, acreditava-se, a própria República. Tudo termina em outubro de 1897, com o extermínio dos jagunços e a completa destruição de Canudos. Esse episódio lamentável traduzia não apenas um grave desequilíbrio socioeconômico mas também uma crise profunda de identidade nacional, o que mais tarde será chamado de "conflito de culturas".

E. da Cunha escreve, sobre esse tema, um livro de mais de seiscentas páginas que, publicado em 1902 com o título de *Os Sertões*, faz logo um imenso sucesso e constitui uma das etapas mais importantes da tomada de consciência pelos brasileiros da realidade do seu país. "Brazil's greatest book", segundo S. Putman (prefácio da trad. amer., *Revolution in the Backlands*, Chicago, 1945), *Os Sertões* não pararam de exercer uma influência considerável no Brasil e no exterior (cf. Mario Vargas Llosa, *La guerra del fin del mundo*, 1981).

Concebido por seu autor como uma obra "agressiva", escrita para "denunciar um crime", o livro, a despeito das múltiplas críticas que hoje pode suscitar, continua sendo fundamental. Obra histórica, revela a coexistência no Brasil, no raiar do século XX, de duas civilizações: por trás da fachada de um Brasil moderno, voltado para a Europa, vivia ou sobrevivia um Brasil profundo, vergonhosamente abandonado à sua barbárie primitiva, mas verdadeira "rocha viva" da nação. Obra literária, é uma magnífica e trágica epopéia em prosa, de uma exuberante riqueza estilística.

• *Obra completa*, Rio, Aguilar, 2 vol., 1966. – *Os sertões*, edição didática, São Paulo, Cultrix, 1973.

➢ Modernismo.

J. ORECCHIONI

D

DIAS Antônio Gonçalves, 1823-1864 ➢ Gonçalves Dias A.

DIAS Teófilo, 1854-1889 ➢ Parnasianismo.

DIAS GOMES Alfredo, 1922-1999 ➢ Teatro.

DRUMMOND DE ANDRADE Carlos, 1902-1987

Poeta e prosador nascido em Itabira, Minas Gerais. Viveu em Belo Horizonte e no Rio de Janeiro. Fez seus estudos em Belo Horizonte e em Nova Friburgo. Formado em farmácia, ensina Português e Geografia, e faz carreira de funcionário público. Membro do gabinete do ministro Gustavo Capanema, deixa-o para ser co-diretor do jornal comunista *Tribuna Popular*. Divergindo da orientação do jornal, entra para o Serviço do Patrimônio Histórico e Artístico Nacional. Em 1920, escreve crônicas para o *Jornal de Minas*. Sua atividade no *Diário de Minas* principia em 1921. Presta à revista *Para Todos* (Rio), dirigida por A. Moreyra, uma colaboração estritamente literária. Escreve para publicações mineiras. No Rio, suas crônicas e seus poemas aparecem em revistas e jornais como o *Correio da Manhã* (1953-1969) e o *Jornal do Brasil,* sem contar os programas de rádio. Em 1972, escreve para *O Estado de S. Paulo* e para *O Estado de Minas Gerais*.

Acompanha de longe a trajetória dos modernistas até 1924, data em que conhece, em Belo Horizonte, Mário de **Andrade***. Daí resulta uma correspondência que ele próprio edita e anota, com o título de *A lição do amigo* e que nos permite conhecer seu papel na expansão do **Modernismo***. Escreve para quase todas as revistas desse movimento: seu poema mais polêmico ("No meio do caminho tinha uma pedra") aparece em 1928 na *Revista de Antropofagia*. É um dos criadores d'*A Revista de Belo Horizonte*. Escreve ensaios e poemas sob diversos pseudônimos e manifestos que não assina. Sua posição nacionalista, que vai do regional ao universal, assinala o início da diversificação do modernismo. Assinalemos que *Alguma poesia,* publicada apenas em 1930, havia sido esboçada e enviada a Mário de **Andrade*** em 1926, com o título de cunho nacionalista *Minha terra tem palmeiras* (início do conhecidíssimo poema do poeta romântico **Gonçalves Dias***), típico da "corrente Pau-Brasil". *Alguma poesia* elimina alguns dos poemas desse livro, mas acrescenta outros, como o "Poema de sete faces", de 1928. Apesar da presença de obras de circunstância, como o "poema-piada", esse livro abre caminho para a criação futura do escritor, fazendo a poesia brotar, com um tom lúdico, dos objetos mais familiares e dos sentimentos pessoais, que se tornam mais intensos em *Brejo das almas* com a experiência da paixão.

Com *Sentimento do mundo,* 1940, Drummond progride do individual ao coletivo, passando por *José* (1942) e chegando à *Rosa do Povo* (1945). Sob o impacto da guerra, a solidariedade se torna então engajamento político. Da ruptura com as formas convencionais nasce a surpresa da dissonância e da harmonia difícil. Suas saliências e seus ângulos recortam no espaço um perfil irregular que torna o ritmo visível. O veio surrealista produz efeitos fulminantes que fazem o humor e o absurdo desabrochar. H. Martins mostrou o complexo jogo de sonoridades que resultam de inovações rítmicas que não são um simples desprezo da tradição. *Claro enigma* rejeita as posições estéticas e políticas adotadas até então e, para exprimir em versos sua concepção do amor, adota o soneto. Em *Lição de coisas* (1942), a palavra se liberta de toda e qualquer coibição, e se dissolve. O poeta se aproxima do **Concretismo***, embora recuse a ligação. Com a retomada consciente do veio memorialista, retorna ao tom narrativo, incorporando a ele o que o mergulho nas profundezas do eu lhe ensinou.

Mas com Drummond a leitura linear é insuficiente. O acesso à sua obra requer uma visão global. Pela reprise de certos temas, segundo a expressão de A. Candido, ou desenhando, como diz A. R. Sant'Anna,"movimentos cíclicos", ou ainda, conforme a feliz expressão de A. Houaiss, "configurações concêntricas", sua poesia apresenta"núcleos" de atividade permanente. Revestindo diversos aspectos, estes se associam em novas constelações, como é dito no "Poema de Sete Faces", pórtico da sua obra: é como um prisma de superfícies mutáveis, como planos que se entrecruzam à maneira cubista, ou como a"rosa" que abre suas pétalas em torno de um centro. Um núcleo de seiva inesgotável é feito de suas lembranças de Minas Gerais. Esse passado não morreu: atravessa de ponta a ponta sua criação. Tédio e acabrunhamento, solidão e angústia misturam e opõem a vida provincial à dos grandes centros. O sentimento de inadaptação à realidade assume diversas formas; irrompe com a palavra "gauche" (no sentido de "desastrado", "embaraçado") e acompanha o personagem ("Carlos", "tu"), que é o reflexo ou o duplo com o qual ele dialoga em seus poemas e que aparenta ao Carlitos de Chaplin, ou a um elefante de andar ridículo, coberto com o tecido do sonho, que se desfaz e se renova. A crise do homem moderno em luta por sua sobrevivência estoura exacerbada na hora que se segue à última hora, quando nada mais é possível ("E agora, José?"), ou no ceticismo, na aspiração ao nirvana ("Vida menor") e no humor, o que atenua a amargura sem excluir a esperança. A função do poeta é celebrada com a confiança de alguém que se sente ligado ao seu tempo ("Mãos dadas") ou negando esse mesmo papel ("Nudez"). A reflexão sobre o poema se cristaliza com uma rara sutileza, ou numa busca angustiada, e não escapa do processo de anulação depois da *Rosa do povo*.

O poeta, porém, nunca renunciou a escrever, reafirmando por sua ação o que nega por meio das palavras. Poderíamos indicar aqui muitos aspectos diferentes no universo poético de Drummond, que resiste a todas as tentativas de esquematização.

O poeta, em Drummond, faz sombra ao prosador. No entanto é necessário assinalar a precisão com a qual maneja a expressão em seus contos e ensaios, e a limpidez das suas crônicas, num inventário do cotidiano que será reelaborado no plano poético. Percorrendo em todas as suas dimensões a expressão de língua portuguesa, incorpora a ela a experiência dos que o precederam, e esse instrumento, quando ele o devolve, brilha com uma nova cor. Drummond foi traduzido nos Estados Unidos, nos países hispano-americanos e na Europa. No Brasil, vários de seus poemas foram musicados. Mestre da língua ao lado de **Machado de Assis***, fixou em poesia a sensibilidade do homem contemporâneo. A leitura da sua obra, que se estendeu densa e múltipla por mais de cinqüenta anos, revela-nos toda uma fase da poesia brasileira, do Modernismo aos nossos dias.

• *Obra completa,* Rio, Aguilar, 1964. – *Reunião,* Rio, J. Olympio, 1969 (10 livros de poesia). – *Nova reunião,* Rio, J. Olympio/INL-MEC, 1983 (19 livros de poesia). – *Amar se aprende amando, O observador no escritório,* Rio, Record, 1985 (diário).

➢ Modernismo.

C. DE LARA

DURÃO José de Santa Rita, 1722-1784 ➢ Arcadismo; Indianismo.

F

f

FERNANDES Florestan, 1920-1996 ➢ Africanas da cultura brasileira (Fontes).

FRANÇA JÚNIOR José, 1838-1890 ➢ Teatro.

FREIRE Junqueira, 1832-1855 ➢ Romantismo.

FREYRE Gilberto, 1900-1987

Sociólogo. Filho de uma velha família das"Terras do Açúcar", Gilberto Freyre adquiriu nos Estados Unidos, depois na Europa, uma vasta formação universitária. Em 1922, defende uma tese sobre"a vida social no Brasil em meados do século XIX"e ocupa uma das primeiras cátedras de sociologia moderna criadas no Brasil. Fundador do Instituto Joaquim Nabuco do Recife, pesquisador e viajante incansável, leitor insaciável, foi ao mesmo tempo um erudito e um humanista. Teve um papel importante no movimento de revalorização cultural do Nordeste brasileiro e, de um modo mais geral, das civilizações luso-tropicais. Sua obra (cerca de cinqüenta volumes) é a de um pensador a quem não é alheio nada que diga respeito às relações do homem com seu meio natural e social. *Casa grande e senzala*, sua obra mais célebre, é um marco fundamental na tomada de consciência, pelos próprios brasileiros, da formação histórica da sua sociedade.

• *Casa grande e senzala*, Rio, Schmidt, 1933. – *Sobrados e mocambos*, São Paulo, Cia. Ed. Nacional, 1936. – *Nordeste*, Rio, J. Olympio, 1937. – *Região e tradição*, Rio, J. Olympio, 1941. – *Ordem e progresso*, Rio, J. Olympio, 1959. – *O luso e o trópico*, Lisboa, Ed. Centen. Inf. D. Henrique, 1961. – *Vida, forma e cor*, Rio, J. Olympio, 1962. – *Dona Sinhá e o filho padre*, Lisboa, Livr. do Brasil, 1964.

➢ Africanas da cultura brasileira (Fontes); Modernismo.

J. ORECCHIONI

G

GAMA José Basílio da, 1740-1795 ➢ Arcadismo; Indianismo.

GOMES Roberto, 1882-1922 ➢ Teatro.

GONÇALVES Paulo, 1897-1927 ➢ Teatro.

GONÇALVES DE MAGALHÃES Domingos José de, 1811-1882 ➢ Indianismo; Romantismo; Teatro.

GONÇALVES DIAS Antônio, 1823-1864

Poeta romântico nascido em Caxias (Maranhão). Símbolo das origens do seu povo, tem sangue europeu por parte de pai e sangue negro e índio por parte de mãe. Tendo ido estudar direito em Coimbra, apaixona-se pela literatura. Dedica-se então à poesia e aos dramas históricos em prosa: *Patkull, Beatriz Cenci, Boabdill, Leonor de Mendonça.* Somente o último (1847), por sua sobriedade, tem um lugar importante no teatro do século XIX. De volta ao país, fixa residência no Rio, onde ensina história e latim. Publica *Primeiros cantos* (1846), *Segundos cantos e Sextilhas de Frei Antão* (1848) e depois *Últimos cantos* (1851), que fazem enorme sucesso. Em 1852, para esquecer amores não correspondidos, casa-se. Participa de expedições à Amazônia por conta do Instituto Histórico e Geográfico; nomeado oficial da Secretaria de Negócios Estrangeiros, parte para a Europa. Durante esses anos consagrados aos estudos lingüísticos e etnológicos, escreve um tratado sobre os índios da América, *O Brasil e a Oceania* (1852), e um *Dicionário de língua tupi* publicado em Leipzig em 1858. Compõe um poema épico, *Os timbiras* (1857), que ficará inacabado, devido à sua morte no naufrágio do *Ville de Boulogne.*

"Casar assim o pensamento com o sentimento – o coração com o entendimento – a idéia com a paixão –, colorir tudo isto com a imaginação, fundir tudo isto com a vida e com a natureza, purificar tudo com o sentimento da religião e da divindade" (prólogo de *P. cantos,* Rio, Laemmert, 1846), esta é a profissão de fé do poeta. A triste melancolia do exílio idealiza natureza e pátria. Graça, harmonia, ritmo dos versos fazem da "Canção do exílio" o mais célebre poema do romantismo: "Minha terra tem palmeiras / Onde canta o sabiá." Além dessa exaltação da natureza americana, o tema predominante é o índio, o homem de antes da conquista, representado como um herói nobre e corajoso, transposição do cavaleiro medieval: *I-Juca-Pirama* (aquele que deve morrer e é digno da morte), o velho guerreiro, não pode aceitar a piedade e entrega ao inimigo seu filho derrotado. Todas as composições, de metros variados (o heptassílabo da poesia popular é freqüente), são embelezadas com palavras tupis, que por sua musicalidade permitem toda sorte de jogos poéticos. Esse indianismo, de que Gonçalves Dias é na poesia o maior representante, dá novo vigor ao nacionalismo romântico do país que acaba de alcançar a independência.

• *Poesia completa e prosa escolhida*, Rio, Aguilar, 1959. – *Teatro*, Rio, Garnier, 1910. – *O Brasil e a Oceania*, Rio, 1910. – *Dicionário de língua tupi*, Rio, São José, 1970.

➢ Indianismo; Romantismo; Teatro.

J. PENJON

GONZAGA Tomás Antônio, 1744-1810 ➢ Arcadismo.

GRAÇA ARANHA José Pereira da, 1868-1931

Seu primeiro livro, *Canaã* (1902), é um romance"de tese", revolucionário por sua significação social. Suas idéias são discutíveis e sua forma irregular, mas sente-se nele uma grande força criadora e uma forte originalidade de pensamento: narrando a experiência vivida por imigrantes alemães que tentam se adaptar aos trópicos, faz uma alegoria da Terra Prometida, que amalgama uma descrição naturalista, um tema e personagens simbólicos e um estilo impressionista. O romance de idéias reaparece em *Viagem maravilhosa* (1929), obra próxima das técnicas modernistas. Numa peça de teatro, *Malasarte* (1911), Graça Aranha reelabora o mito desse personagem popular, uma espécie de Till Eulenspiegel do folclore brasileiro.

A ação militante de Graça Aranha se desenvolve quando ele volta ao Brasil após uma longa estada no exterior (1900-1920). Divulga as últimas idéias vindas da Europa em matéria de arte, liga-se aos modernistas, participa da Semana de 1922, insurge-se contra o imobilismo da literatura oficial e rompe com a Academia Brasileira de Letras (1924). Em vários ensaios, entre eles *A estética da vida* (1921) e *O espírito moderno* (1925), desenvolve reflexões que o aproximam da vanguarda primitivista.

• *Obras completas*, Rio, Briguiet, 8 vol., 1939-1942.

➢ Modernismo.

J. VASSALLO

GUARNIERI Gianfrancesco, nascido em 1934 ➢ Teatro.

GUILHERME DE ALMEIDA, 1890-1969 ➢ Modernismo.

GUIMARAENS Alphonsus de, 1870-1921 ➢ Simbolismo.

GUIMARAENS Eduardo, 1892-1928 ➢ Simbolismo.

GUIMARÃES Bernardo, 1825-1884 ➢ Africanas da cultura brasileira (Fontes); Indianismo; Romantismo.

GUIMARÃES JÚNIOR Luís, 1845-1898 ➢ Parnasianismo.

GUIMARÃES ROSA João, 1908-1967

João Guimarães Rosa nasceu em 27 de junho de 1908, em Cordisburgo, Minas Gerais. Estudou medicina, profissão que exerceu por algum tempo. Em 1934, entra para a carreira diplomática. Faz três longas estadas no exterior: no consulado do Brasil em Hamburgo (1938-1942), nas embaixadas de Bogotá (1942-1944) e de Paris (1949-1951). O resto da sua carreira se desenrola na administração central, no Rio de Janeiro. É encarregado de várias missões de curta duração (Bogotá, Paris, Cidade do México). Por duas vezes é chefe de gabinete do ministro João Neves da Fontoura. Morre em 19 de novembro de 1967.

Toda a obra de Guimarães Rosa se arraiga numa região: o centro e o norte de Minas, onde nasceu e passou a infância e a juventude. Esse vasto território primitivo e quase vazio (ainda mais no primeiro terço do século XX) é o interior profundo do Brasil: o sertão. Poucas cidades; imensos platôs cortados por poderosos rios, tendo no centro o São Francisco. A humanidade, à imagem dessa terra, também é rude e selvagem. Em suas fazendas, onde cria gado, um pequeno número de grandes proprietários reina sobre um povo miserável e submisso. É esse o universo de Guimarães Rosa, que viveu nessa região apenas até 1934, e a ela só voltou depois disso em raras e breves visitas. Mas a vida inteira se lembrará dela, e é ela que nutrirá seus sonhos, sua sensibilidade, sua arte. Foi nesse mundo primitivo do sertão que situou toda a sua obra.

Após um livro de poemas, *Magma*, que lhe valeu em 1937 um prêmio acadêmico, Guimarães Rosa se orienta para a literatura de ficção. Publica em 1946 uma primeira coletânea de nove contos: *Sagarana* (o título combina a palavra escandinava *saga* com um vocábulo tupi, *rana*, que designa uma história lendária, logo, precisamente, uma *saga*). Vem depois, em 1956, um conjunto de sete relatos intitulado *Corpo de baile*. Os temas são sempre emprestados do mundo do sertão, mas de uma obra à outra a inspiração se amplia e o tom se eleva. A língua se faz cada vez mais complexa, original, inovadora. Ainda em 1956 aparece o grande romance que é considerado a obra-prima de Guimarães Rosa: *Grande sertão: veredas*. Vêm depois novos relatos curtos com, em 1962, um volume de *Primeiras estórias* e, em 1967, uma coletânea curiosamente intitulada *Tutaméia – Terceiras estórias* (o título joga com a expressão *tuta-e-méia*, quase nada). Duas publicações póstumas encerram a série: *Estas estórias* e, em 1970, *Ave, palavra*.

Os livros posteriores a *Grande sertão: veredas* acentuam a inclinação de Guimarães Rosa à obscuridade e ao mistério, mas contêm, expressas sob uma forma simbólica e poética, algumas das "chaves" capazes de abrir os domínios mais secretos da obra.

A melhor maneira de fazer sentir a originalidade e a força de Guimarães Rosa é sem dúvida resumir e comentar *Grande sertão: veredas*, romance que é o ápice da sua obra. Sabemos que ele havia começado a escrever uma "história" curta, como as que publicou em *Corpo de baile*. Mas, carregado pelo tema – no qual confluíam todos os ingredientes próprios para nutrir sua imaginação –, deixou-se levar a um imenso relato, ao qual se entregou por inteiro. Assim, podemos ler esse livro de várias maneiras e em vários níveis.

À primeira vista, a obra se insere num gênero bem conhecido: o do romance regionalista brasileiro, cujas origens são muito antigas. Estamos no sertão do São Francisco, numa data imprecisa situada no primeiro quartel do século XX. A paisagem é evocada com realismo: são grandes platôs de vegetação rala, que desenrolam suas imensidões monótonas entre os afluentes do São Francisco. De vez em quando depressões verdejantes ricas em água surgem como oásis: chamam-se *veredas* e se reconhecem de longe pela presença de uma elegante palmeira, o buriti. O título do livro começa a se esclarecer: a oposição entre o"grande sertão"e as"veredas"resume, nesse nível simples e concreto, a paisagem.

É também a sociedade do sertão que o romance vai fazer reviver. Na época em que se situa, essa sociedade, como dissemos acima, é muito arcaica. Os fazendeiros reinam sobre terras imensas povoadas de camponeses pobres, que empregam como vaqueiros. Recrutam entre eles os jagunços que organizam em bandos. São como exércitos particulares com os quais guerreiam em defesa das suas terras e na organização das eleições. As guerras entre os vários bandos de jagunços consistem na ação do romance. Elas são rememoradas por um narrador único, Riobaldo, ele próprio um ex-jagunço, que num relato torrencial conta a vida a um interlocutor mudo.

As marchas e contramarchas dos bandos de jagunços na imensidão do sertão, conforme Riobaldo relata, logo desenham uma primeira intriga: Joca Ramiro, prestigioso chefe da tropa a que pertence Riobaldo, é assassinado à traição por seu inimigo Hermógenes, ajudado por alguns cúmplices. A afronta vai ser lavada. Riobaldo consegue assumir o controle do seu bando e o leva à vitória numa espécie de cavalgada heróica. Nesse primeiro nível de leitura, *Grande sertão: veredas* é portanto um romance de aventuras de tipo regionalista, uma espécie de *western* brasileiro que conta proezas guerreiras ao mesmo tempo em que evoca toda a cor local do sertão.

Mas no meio desses combates Riobaldo vive uma estranha e trágica história. Em seu bando há um rapazola pelo qual ele sente uma atração que tem toda a aparência do amor. Diadorim – assim se chama esse companheiro juvenil – é de uma coragem exemplar, mas há no brilho dos seus olhos verdes como que uma doçura feminina. Riobaldo, cuja virilidade é indiscutível, fica perturbado por essa paixão que exala um forte relento de homossexualidade. O sentimento lhe causa horror, mas ele não consegue reprimi-lo. As relações ambíguas, que o relato de Riobaldo evoca em todas as suas dimensões psicológicas, continuam até o dia em que Diadorim e Hermógenes travam um combate decisivo. Os dois perecem e é então que, ao lavar o corpo do jovem guerreiro, descobre-se que Diadorim... era uma mulher.

E temos agora uma terceira intriga, a do pacto que Riobaldo faz com o diabo. As lendas do sertão abundam em histórias desse gênero, em que se vê um homem vender a alma ao diabo em troca de poder e riqueza. Assim, Riobaldo, de acordo com o ritual tradicional, vai debaixo de uma árvore numa encruzilhada, a uma meia-noite especialmente escura, e grita por Satanás. Ninguém aparece. Mas em seguida tudo acontece como se o pacto houvesse sido firmado: Riobaldo adquire poderes excepcionais; impõe sua vontade aos homens e aos bichos, e é depois dessa aventura misteriosa que se torna chefe do seu bando e vence seus inimigos. O que de fato aconteceu? Riobaldo nunca vai saber, e a vida inteira se fará esta pergunta obcecante: o diabo existe ou não?

Essa tríplice intriga, porém – as guerras dos jagunços, a moça disfarçada de rapaz e o pacto com o diabo –, ainda não é o essencial. Quando o interrogavam sobre a obra, Guimarães Rosa respondia que ela era de natureza poética. De fato, *Grande sertão: veredas* é mesmo, sob muitos aspectos, um poema.

Primeiro, como já foi muitas vezes observado, esse romance parece uma epopéia, mais precisamente uma canção de gesta ou um romance de cavalaria. A sociedade do sertão, por seu arcaísmo e sua violência, lembra a Europa medieval, e o jagunço sugere por vários traços o cavaleiro: não quer ele, a seu modo, fazer reinar a justiça e castigar os traidores?

A poesia também se encontra em outro nível: decorre da utilização simbólica que o autor faz de todos os elementos da realidade. O mundo se transfigura e se torna o signo de outra coisa. Os rios e ribeirões, com todo o vocabulário referente a eles (remar, descer, atravessar, água, cabeceiras, margem), dão origem a uma abundância de imagens. O vento é a voz do destino. As plantas e os animais se humanizam. O sertão, em sua totalidade, se transforma num vasto símbolo: "o sertão está em toda a parte", "o sertão é do tamanho do mundo" e, para terminar, "sertão: é dentro da gente".

Chegamos assim ao último nível de leitura, que é de ordem filosófica e religiosa. Guimarães Rosa tinha o costume de dizer que esse era, para ele, o mais importante; sempre se proclamou "essencialmente religioso", explicando porém que se situava fora de toda e qualquer "seita ou religião", ou antes, que pertencia a todas ao mesmo tempo. Cita o Neoplatonismo, o Existencialismo cristão, o Hinduísmo e o Taoísmo. E proclama que seus livros são fundamentalmente antiintelectuais, que afirmam o primado da intuição, da revelação e da inspiração sobre a inteligência e a razão. Assim, nem o homem nem o universo são claros. A essência da realidade é a ambigüidade e o mistério. De fato, tudo nesse livro é ambíguo, desde o personagem de Diadorim, ao mesmo tempo homem e mulher, até o pacto com o diabo, que não se sabe direito se ocorreu ou não.

Para exprimir seu pensamento, Guimarães Rosa teve de forjar uma língua que é só dele. O leitor que aborda pela primeira vez um de seus livros, sobretudo a partir de *Corpo de baile,* fica desconcertado com a obscuridade dessa língua. Mas ao mesmo tempo é subjugado, e enfeitiçado, por essa maneira inteiramente nova de dizer as coisas. E pouco a pouco tudo começa a adquirir um sentido, um sentido múltiplo, ambíguo, numa palavra, poético. Tal língua é o português brasileiro em que encontramos o falar regional de Minas Gerais, o português clássico, alusões às múltiplas línguas estrangeiras que o autor conhecia e lembranças das suas imensas leituras. Seu vocabulário é inteiramente renovado pela prática sistemática do neologismo. Todos os recursos da fonética são explorados. Por essa razão, muitas vezes se comparou Guimarães Rosa a James Joyce. Mas está claro que essa renovação lingüística, que é um desafio para seus tradutores, prende-se diretamente à dominante "poética" da obra, e é uma maneira de exprimir essa filosofia da ambigüidade e do mistério de que ora falávamos.

A exegese dessa obra está em grande parte por fazer. Ela é, por sua própria essência, desconcertante ao mesmo tempo que fascinante. Sua gênese é significativa: de *Sagarana* a *Grande sertão: veredas* é a descoberta e o aprofundamento de um universo, de um pensamento e de uma expressão totalmente originais. Os livros seguintes são mergulhos nas profundezas obscuras desse mundo. Não é de espantar que, nessas condições, os críticos divirjam em suas interpretações. Para uns, Guimarães Rosa é um puro platônico, para outros é um existencialista, para outros ainda sua obra tem uma significação esotérica, e Riobaldo, o herói de *Grande sertão: veredas*, é um iniciado. Essa interpretação nos parece bastante verossímil, o que dá a esse romance ao mesmo tempo regionalista, épico, poético e metafísico uma última dimensão, que é propriamente religiosa, e permite descobrir na obscura polissemia do seu título uma derradeira significação: na imensidão do "grande sertão" da vida, o herói descobre finalmente as veredas que levam à Libertação.

- *Sagarana*, Rio, Ed. Universal, 1946. – *Corpo de baile*, Rio, J. Olympio, 2 vol., 1956 (a partir da 3.ª ed., 3 vol. separados: 1) *Manuelzão e Miguilim*, Rio, J. Olympio, 1964; 2) *No Urubuquaquá, no Pinhém*, Rio, J. Olympio, 1965; 3) *Noites do Sertão*, Rio, J. Olympio, 1965). – *Grande sertão: veredas*, Rio, J. Olympio, 1956. – *Pri-*

meiras estórias, Rio, J. Olympio, 1962. – *Tutaméia (terceiras estórias)*, Rio, J. Olympio, 1967. – *Estas estórias*, Rio, J. Olympio, s.d. – *Ave, palavra*, Rio, J. Olympio, 1970. – Ver *Correspondência com seu tradutor italiano Edoardo Bizzarri*, São Paulo, Instituto Cultural Ítalo-Brasileiro, 1972 (2.ª ed., 1981).

➢ Modernismo.

P. TEYSSIER

1.

INDIANISMO

O indianismo tem sua hora de glória no Brasil com os escritores românticos. Com eles, o índio é elevado à categoria de herói e se transforma em mito.

Origem e significação

Descrevendo o Novo Mundo, viajantes e poetas exaltam a beleza e os produtos da terra, assim como as virtudes dos seus habitantes. Esse Éden freqüentado por "bons selvagens" aparece na literatura "nativista" dos séculos XVI, XVII e XVIII. Aliás, é preciso valorizar aos olhos dos europeus essas terras recém-descobertas. Os jesuítas, principalmente Anchieta (1534-1597), por sua catequese, fazem do índio um tema literário. Frei José de Santa Rita **Durão*** (1722-1784) e Basílio da **Gama*** (1740-1795), inspirando-se em Montaigne e Rousseau (para fazer estudos universitários era preciso ir a Portugal, o que facilitava a leitura dos mestres europeus), transformam o guerreiro americano em figura mitológica: o primeiro em seu *Caramuru* (1781), o segundo em sua epopéia *O Uraguai* (1769). Cacambo e Sepé são dotados de nobres qualidades, enquanto as mulheres, Paraguaçu, Lindóia e Moema encarnam a beleza e a fidelidade. No século XIX, com a instalação da corte portuguesa no Rio, a paisagem cultural muda. O país sai do isolamento e se torna independente (1822). Nacionalismo e romantismo coincidem: é preciso encontrar suas raízes. Várias famílias abandonam os nomes portugueses e adotam nomes tupis; os jornais políticos se chamam *Caramuru, Tamoio*, etc. Artes e letras são o reflexo do que acontece na Europa. Olha-se cada vez mais para Paris. O índio está na moda (Chateaubriand, F. Cooper etc.). D. Gavet e Ph. Boucher fazem dele uma espécie de "paladino medieval" em seu *Jakaré-Ouassou ou les Tupinambas* (1830). Importam o índio brasileiro, modelo do indianismo francês (em 1829 aparece também uma tradução de *Caramuru*). Idealizado (a antropofagia fica ausente), torna-se a versão brasileira do cavaleiro da Idade Média. Primeiro ocupante do país, é o oposto do colonizador português e, principalmente, tem o mérito de não fazer parte da estrutura social da época, o que lhe permite tornar-se mito literário (a escravatura só será abolida em 1888; não há como enobrecer o negro numa sociedade escravocrata: os leitores não teriam apreciado).

As obras

A elegia fúnebre *Nênia* (1837), de F. Rodrigues **Silva** (1815-1879) assinala a transição entre o índio, tema literário, e o herói romântico. Mas a idade de ouro do indianismo se situa entre 1840 e 1870. Dois nomes se destacam: **Gonçalves Dias*** (1823-1864) na poesia e José Martiniano de **Alencar*** (1823-1864) no romance. Poesia lírica, dramática ("Poesias americanas" dos *Cantos* publicados em 1846 e 1851) depois épica (*Os Timbiras*, 1857) mostram o índio em perfeita harmonia com a natureza, que estimula habilidade, coragem e amor à guerra. O invasor português vem subjugar a nobre tribo tupi ("O canto do Piaga"). Os timbiras deixam-se levar à compaixão, esquecendo seus costumes selvagens. A índia abandonada se confunde em lamentações ("Leito de folhas verdes"). Marabá, a mestiça de olhos de safira e cabelos louros, é condenada à solidão, pois a raça deve permanecer pura. A epopéia de Domingos José **Gonçalves de Magalhães** (1811-1882), *A Confederação dos Tamoios* (1856), que canta a revolta dos tupis contra os portugueses em 1560, é uma obra secundária, assim como o poema inacabado de José de Alencar, *Os filhos de Tupã*. Vale também lembrar *Os três dias de um noivado* (1844), de A. G. **Teixeira e Sousa** (1812-1861), ou *Americanas* (1875), de **Machado de Assis***. Joaquim Manuel de **Macedo*** (1820-1882) insere uma lenda índia como intermédio poético em *A moreninha* (1844).

José de Alencar se torna o mestre do gênero, graças a seus três grandes romances: *O guarani* (1856), publicado inicialmente em folhetim, *Iracema* (1865) e *Ubirajara* (1874). Pelas bodas de Peri, o belo guarani, e de Ceci (Cecília, filha de um fidalgo português), idealiza as origens do Brasil. Em *Como e por que sou romancista* (1873), explica: "O selvagem é um ideal, que o escritor intenta poetizar, despindo-o da crosta grosseira de que o envolveram os cronistas, e arrancando-o ao ridículo que sobre ele projetam os restos embrutecidos da quase extinta raça." Os leitores não são bobos, não buscam a verdade, mas o sonho e a poesia. Uma natureza paradisíaca, pitoresca, colorida, em que abundam as designações tupis, serve de cenário. A floresta revela tão-somente belezas e perfumes.

Os animais selvagens só mostram coragem e delicadeza. Convém citar ainda *As minas de prata* (1865) – em que o indianismo é secundário – e *O índio Afonso* (1873), de Bernardo **Guimarães** (1825-1884). O índio também aparece no teatro, principalmente em *Cobé* (1854-1855), drama em cinco atos de Macedo.

O indianismo como mito literário desaparece junto com o Romantismo. Se o índio inspira mais tarde os modernistas, é de maneira quase caricatural: é desmistificado e se torna um anti-herói (*Macunaíma* de **Mário de Andrade***).

• J. DE ALENCAR, *Como e por que sou romancista*, in *Ficção completa*, Rio, Aguilar, 1.º vol., 1965; *O guarani, As minas de prata, Iracema, Ubirajara*, Rio, Aguilar, 2.º vol., 1964. – J. BASÍLIO DA GAMA, *O Uraguai*, in *Obras poéticas*, ed. J. Veríssimo, Rio, Garnier, s.d. – J. DE GONÇALVES DIAS, *Poesias americanas, Os timbiras*, in *Poesia completa e prosa escolhida*, Rio, Aguilar, 1959. – B. GUIMARÃES, *O índio Afonso*, Rio, Garnier, 1873. – J. M. DE MACEDO, *A moreninha*, São Paulo, Ática, s.d. – J. M. MACHADO DE ASSIS, *Americanas*, in *Obra completa*, Rio, Aguilar, 3.º vol., 1959. – G. DE MAGALHÃES, *A Confederação dos Tamoios*, Rio, Paula Brito, 1856. – F. J. DE SANTA RITA DURÃO, *Caramuru*, Rio, Garnier, s.d.

J. PENJON

K

KILKERRY Pedro, 1885-1917 ➢ Simbolismo.

L

LIMA Jorge de, 1895-1953

Poeta e romancista nascido em Alagoas. Faz estudos de medicina no Rio de Janeiro e é professor universitário nessa cidade. Participa ativamente dos movimentos políticos. Seu primeiro livro, *XIV Alexandrinos* (1914), é seguido de *Poemas* (1927), obra modernista pela qual adere ao grupo regionalista do Recife. Nela evoca suas lembranças da infância e já vemos aparecer certa religiosidade, assim como os temas "negros". De 1928 é o célebre poema "Essa nega Fulô", que, numa língua rica em termos pertencentes à cultura afro-brasileira, trata discretamente da escravidão. No mesmo ano aparece *Novos Poemas,* em que insiste nos temas cristãos e folclóricos, mas dando à matéria religiosa uma expressão popular.

Sua poesia se torna então cada vez mais mística. Assim, em *Poemas escolhidos* (1932), ele exprime a repulsa que lhe inspira o maquinismo da nossa civilização, época transitória que ele quer superar para alcançar uma realidade superior. Esse mesmo sentimento aparece em *Tempo e eternidade* (1935), escrito em colaboração com Murilo **Mendes***, após sua conversão ao catolicismo.

Prisioneiro de uma realidade que é só de sofrimentos, suplica a Deus que lhe dê a mão para que possa se aproximar dele. Esse clima de religiosidade ao mesmo tempo mística e terrestre é encontrado em *Poemas negros* (1947), em que utiliza as palavras e os ritmos da cultura negra do Nordeste, assim como os mitos africanos que são incorporados a eles. No *Livro de sonetos* (1949), os temas principais são a infância, a religião e o tempo. As imagens oníricas se desenvolvem entre a terra e as nuvens, entre a matéria e o espírito. Suas últimas obras são *As ilhas* e *Invenção de Orfeu* (1952). Esse último, um longo poema épico e lírico, que evoca os passos do homem em busca da sua plenitude, é considerado, por seu equilíbrio métrico e rítmico, uma das obras-primas da língua portuguesa.

Sua obra romanesca é de menor importância. Como sua poesia, diz respeito, segundo o próprio autor, ao homem, suas lutas, seus sofrimentos, suas inquietudes e seus desejos. Citemos *Salomão e as mulheres* (1927), *O anjo* (1934), *Calunga* (1935), *A mulher obscura* (1937) e *Guerra dentro do beco* (1950). Deixou alguns textos inéditos escritos para o teatro: *A filha da mãe d'água, As mãos, Ulisses.*

• *Obra completa*, vol. I, *Poesias e ensaios*, Aguilar, 1958.

➢ Africanas da cultura brasileira (Fontes).

M. L. ARAGÃO

LIMA BARRETO Afonso Henriques de, 1881-1922

Romancista. Poucos de seus contemporâneos souberam lhe dar a atenção merecida. Mas hoje ele é considerado"o mais importante romancista brasileiro do começo do século" (Astrojildo Pereira, *Interpretações*, Rio, 1944). Mulato, neto de escravos libertos, teve de abandonar os estudos superiores que teriam podido lhe dar título e posição, devendo se contentar com um modesto emprego no Estado. Logo sucumbiu ao alcoolismo, o que o levou a uma patética decadência. Toda a sua obra exprime o amargor e a revolta de um homem de cor contra a injusta hostilidade de que foi vítima. Tendo uma idéia elevada da literatura, que não concebia como o "sorriso da sociedade", mas sim uma arma de combate contra os preconceitos e a tolice, Lima Barreto pôs em seus romances muito dele mesmo, das suas preocupações e dos seus rancores, mas soube pintar admiravelmente o mundo pequeno-burguês dos subúrbios do Rio e, também, com um humor às vezes feroz, os meios do jornalismo e das letras, e até da política.

• *Obras de Lima Barreto*, São Paulo, Ed. Brasiliense, 17 vol., 1948 ss. – *Recordações do escrivão Isaías Caminha*, Lisboa, Teixeira, 1909; 2.ª ed., Rio, *Rev. dos Tribunais*, 1919. – *Triste fim de Policarpo Quaresma*, Rio, *Rev. dos Tribunais*, 1916. – *Vida e morte de M. J. Gonzaga de Sá*, São Paulo, Rev. do Brasil, 1919. – *História e sonhos*, Rio, Gianlorenço Schettino, 1920 (contos). – *Clara dos Anjos*, Rio, Mérito, 1948 (póst.).

➢ Africanas da cultura brasileira (Fontes); Modernismo.

J. ORECCHIONI

LINS DO REGO José, 1901-1957

Romancista nascido na Paraíba. De uma família de senhores de engenho, freqüenta no Recife, durante seus estudos superiores, escritores ligados ao movimento regionalista inspirado por Gilberto **Freyre***. Instala-se definitivamente no Rio de Janeiro, onde toma parte ativa na renovação da literatura brasileira, colaborando para os jornais com crônicas e ensaios curtos. Interessa-se, entre outras coisas, pelo **Modernismo***, pelo regionalismo e pela literatura"engajada", permanecendo porém fiel a seu povo e à sua região, condição necessária, ele próprio dizia, para alcançar o universal.

Seu primeiro romance, *Menino de engenho* (1932), pode ser considerado a matriz das suas obras consagradas à sociedade dos canaviais nordestinos. Nessa obra ele evoca pela primeira vez um mundo que conheceu pessoalmente em sua infância. O autor e a personagem se confundem, e ambos evoluirão juntos, da infância à idade adulta, na série de romances que constituem o que foi chamado de "ciclo da cana-de-açúcar". Esse ciclo compreende, além de *Menino de engenho, Doidinho* (1932), *Bangüê* (1934), *O moleque Ricardo* (1934), *Usina* (1936), e a obra de síntese que é *Fogo morto* (1943). Neste último romance, concebido sempre como um livro de memórias, os vivos e os mortos ocupam enfim um espaço denso e autônomo, que caracteriza vigorosamente a região canavieira próxima ao sertão nordestino. Como quer que seja, o narrador, no conjunto deste ciclo, permanece prisioneiro da sua memória, que comanda o processo de reconstrução do passado. Aliás, bem mais tarde ele voltará a essa matriz original compondo *Meus verdes anos* (1956), livro de memórias expressamente designado como tal, que é irmão gêmeo de *Menino de engenho*. De sorte que podemos nos perguntar até que ponto, em cada um desses relatos, é a memória que se torna ficção ou é a ficção que se faz memória. Em resumo, esse primeiro grupo de obras pinta uma das faces do Nordeste: vemos nela o apogeu, a decadência e a morte dos engenhos de cana tradicionais, em conseqüência da abolição da escravatura, do advento das usinas e do fracasso dos bacharéis, herdeiros dos grandes senhores de engenho escravocratas e onipotentes.

A outra face do Nordeste aparece numa segunda série de romances, que compreende *Pureza* (1937), *Riacho Doce* (1939), *Pedra*

Bonita (1938), *Cangaceiros* (1953), quatro obras distribuídas em dois pares distintos, e um terceiro par: *Água-mãe* (1941) e *Eurídice* (1947). Nos dois primeiros romances domina o lirismo sexual. Os outros estudam o messianismo fanático do interior e o "cangaceirismo". Os dois últimos, situados no Rio de Janeiro, mostram que o autor podia escapar dessa dependência da sua região de origem que a crítica lhe reprochava. Mas esse vínculo que o prende à sua terra natal continua a ser o ponto importante. É ele que faz de José Lins do Rego o mais espontâneo de todos os escritores brasileiros. Ele compôs o retrato culturalmente mais rico que temos da história do Nordeste, desde o fim do século passado. Nele encontramos, de um lado, o sertão sacralizado, com seus "coronéis", seus cangaceiros, seus cantores populares, seu povo místico, messiânico e fatalista, vítima do flagelo imprevisível das secas e das intervenções arbitrárias das *volantes* (as tropas policiais enviadas para combater os cangaceiros). Do outro lado nos é apresentada uma sociedade aristocrática e diretamente influenciada pela civilização urbana: a sociedade da cana-de-açúcar. Como representação parcial do Brasil e pela posição que ocupa na renovação do romance brasileiro introduzida pelo **Modernismo***, essa obra se irmana às de Graciliano **Ramos***, Érico **Veríssimo*** e **Guimarães Rosa***.

• *Romances reunidos e ilustrados*, Rio, J. Olympio, 5 vol., 1960-1961. – Edições separadas das diversas obras pela mesma editora. Às aqui citadas, acrescente-se *Histórias da velha Totônia* (literatura infantil, 1936) e diversos livros de crônicas e de ensaios.

➢ Africanas da cultura brasileira (Fontes); Modernismo.

J. A. CASTELLO

LISPECTOR Clarice, 1925-1977

Romancista, nascida em Tchetchelnik, Ucrânia, de família judia russa. Chegando ao Brasil com dois meses de idade, vive no Recife até 1937, depois no Rio. Estudante da faculdade de Direito (1941), seu primeiro trabalho tem um título significativo:"Observações sobre os fundamentos do direito de punir." Nele podemos ver uma primeira tentativa de formular a questão do crime e do castigo, que encontraremos mais tarde na sua obra, elaborada sob a forma de uma reflexão sobre o sentimento de uma "culpa irremissível", de um crime original, de uma lei não formulada que comanda o relato. Este aparecerá freqüentemente como um "processo", e a trajetória dos personagens, como um "julgamento".

Ao mesmo tempo que estuda, Clarice começa a praticar o jornalismo. Casa-se em 1943 e publica o primeiro romance: *Perto do coração selvagem* (Rio, J. Olympio, 1944). O livro surpreende e desconcerta a crítica. Viaja à Europa (1945-1949) e aos Estados Unidos (1952-1959). Publica *O lustre* (Rio, Paz e Terra, 1946), *A cidade sitiada* (Rio, J. Olympio, 1949), *A maçã no escuro* (Rio, J. Álvaro, 1961) e *A paixão segundo G. H.* (Rio, J. Olympio, 1964). Por motivos financeiros, volta ao jornalismo trabalhando no *Jornal do Brasil* (1967-1973) e continua sua obra com *Felicidade clandestina* (Rio, J. Olympio, 1971, novelas), *Água viva* (São Paulo, Círculo do Livro, 1973), *A hora da estrela* (Rio, J. Olympio, 1977). Morre no Rio, no dia 9 de dezembro de 1977. Um ano depois aparece *Um sopro de vida, pulsações* (Rio, Nova Fronteira, 1978).

Quando Clarice Lispector tinha sete anos, suas primeiras "fabulações" haviam sido recusadas por um jornal do Recife que publicava textos de crianças. "E eu sabia por quê – dirá mais tarde – Os que eles recebiam começavam assim: era uma vez e isso e isso, os meus eram sensações." Essa declaração resume, de certo modo, o motor de toda a sua obra, que é o primado da escrita sobre os acontecimentos contados e sobre o desenrolar cronológico, sendo a escrita "a maneira de não mentir ao sentimento". Seus personagens parecem viver duas vidas, uma aparente e "superficial", cujos acontecimentos constituem a intriga (rarefeita) dos textos, a outra oculta, que é a vida dos sentimentos, "maior que os minutos contados no relógio" (*Perto do coração selvagem*) e que se percebe pondo-se à escuta de tudo o que acontece de fortuito e de inesperado nos "interstícios" da vida cotidiana, nesses intervalos em que nada acontece. É essa outra vida que a escrita tenta "trazer de volta à superfície".

A paixão segundo G. H. descreve um processo que se encontrará em muitos outros textos (inclusive as novelas e as crônicas). Acontece algo que causa impacto, que desorganiza a realidade e sua significação, assim como o sujeito que é afetado pelo acontecido. Neste livro, trata-se de uma barata. Em outros textos será um rato, um cego, um mendigo, uma tal de Macabéia, um criminoso. O acontecimento provoca a sensação de uma vida informe, maior que a vida humana, que causa uma "desorganização". Escreve-se então para tentar compreender o que acontece, para dar forma a esse sentimento informe, mas sem lhe mentir. Essa exigência de fidelidade para com o sentimento conduz a um prodigioso trabalho de escritura, por meio da poesia de uma prosa cujo ritmo pretende imitar o sopro da respiração, uma prosa de tipo descontínuo, com personagens que se desfazem mal se formam. Daí as principais características do "estilo" de Clarice Lispector: a parataxe (que possibilita permanecer o mais perto possível da sensação instantânea), a deformação sintática e léxica, uma pontuação não gramatical, metáforas insólitas. Vemos então vir à tona toda uma herança cultural inconsciente. Trabalhando para despojar os personagens da sua forma humana e do seu estatuto de "herói", para desfazer o relato numa grande indiferença tanto aos gêneros literários como às normas gramaticais, essa obra se apresenta como um imenso esforço para desencavar um inconsciente "arcaico" e formular a questão do destino infinito e "inumano" da vida.

• Aos títulos citados, acrescentar: *Uma aprendizagem ou o livro dos prazeres*, Rio, J. Olympio, 1978. – *A descoberta do mundo*, Rio, Nova Fronteira, 1984 (crônicas, 1967-1973).

R. MACHADO

LOBATO José Bento Monteiro, 1882-1948 ➢ Monteiro Lobato J. B.

LOPES NETO João Simões, 1865-1916 ➢ Simões Lopes Neto J.

M
m

MACEDO Joaquim Manuel de, 1820-1882 ➢ Africanas da cultura brasileira (Fontes); Indianismo; Romantismo; Teatro.

MACHADO Antônio de Alcântara, 1901-1935 ➢ Alcântara Machado A. de.

MACHADO DE ASSIS Joaquim Maria, 1839-1908

Aquele que é considerado, com José de **Alencar***, o maior escritor brasileiro do século XIX era de origem modesta e teve uma formação autodidata. Colaborou inicialmente para os principais jornais do Rio de Janeiro e fez carreira no serviço público, tornando-se alto funcionário. Foi presidente-fundador da Academia Brasileira de Letras. Sua vida se estende do fim do **Romantismo*** ao Realismo-naturalismo, ao **Parnasianismo*** e ao **Simbolismo***. Em sua obra crítica e em sua prática da poesia, do teatro, do romance e do conto, assimilou com equilíbrio todos esses estilos (com exceção do **Simbolismo***). Mas foi na ficção que encontrou sua forma de expressão privilegiada e que atingiu o universal. Podemos distinguir três linhas cardeais em sua obra de ficcionista: a ênfase dada, na exploração da condição humana, mais ao individual que ao social (sem com isso desprezar a pintura da sociedade do seu tempo); o aproveitamento de aquisições estéticas consideradas como conquistas definitivas dos principais estilos; enfim, a utilização da tradição literária herdada da Antiguidade. A crônica e a crítica lhe proporcionaram um sistema de coordenadas que faz a unidade de todo o resto da sua obra – ficção, teatro e poesia.

Aqui, limitamo-nos a estudar sua obra de narrador, que compreende dois períodos. A primeira, com os romances *Ressurreição* (1872), *A mão e a luva* (1874), *Helena* (1876) e *Iaiá Garcia* (1878), além de contos, é uma fase de formação. Ainda muito marcado pelo **Romantismo***, já esboça sua tese essencial, que consiste em ver no amor e na glória os dois motores da conduta humana. Em *Ressurreição*, o amor é força que regenera o indivíduo para fazê-lo reviver afetiva e socialmente; em *A mão e a luva*, reina a harmonia entre o amor e a glória, de sorte que esses dois romances formam um par em que o autor aposta na retidão moral.

Helena e *Iaiá Garcia* se completam do mesmo modo. Mas *Helena* já exprime o sentimento trágico da vida que assinalará toda a temática machadiana: mais cedo ou mais tarde o homem será responsabilizado pela violação dos valores transmitidos de geração em geração. Essa punição – ou essa reparação – atinge às cegas vítimas inocentes, e o sacrifício que daí decorre se aparenta assim à catarse ou à purificação pelo bode expiatório. Apesar da marca deixada pelo contexto conservador da sociedade patriarcal e aristocrática do Brasil de então, *Helena* é um passo importante para fora do **Romantismo***. O mesmo se aplica a *Iaiá Garcia*, num contexto idêntico. O amor e a glória se opõem agora em termos de desigualdades sociais, mas o objetivo é sempre defender as qualidades morais identificadas com o ideal amoroso. Há novos elementos: em *Helena*, a caridade e a esperança cristã, em *Iaiá Garcia* o problema da irreversibilidade do tempo. A evolução observável de *Helena* a *Iaiá Garcia* se encontra, globalmente, nos contos da mesma época.

Um novo período começa para o romancista com as *Memórias Póstumas de Brás Cubas* (1880-1881), obra que aprofunda, diversificando-a, a temática do período precedente. A ênfase, aqui, é dada à importância das aparências como instrumentos das ambições suscitadas pela busca da glória. Mas é preciso saber manter as aparências, porque se o homem não compreender que elas são, para ele, apenas instrumentos de poder, de riqueza, de prazer, de luxo e de conforto, delas se tornará vítima. Sem sentimento de compaixão ou de solidariedade, ele se deixará levar pelo egoísmo, indiferente à eliminação dos fracos que não merecem desfrutar dos bens materiais proporcionados pela glória. Trata-se de uma perspectiva unívoca e pessimista, fria e calculista, expressa numa linguagem que, mais que em nenhuma outra obra de Machado, é marcada pelo humor. E o humor, aqui, é uma forma do riso que se opõe quase invencivelmente aos transbordamentos do sentimentalismo. O jogo desse humor consiste em fazer as situações humanas particulares dependerem do que há de mais universal e de mais taxativo no egoísmo, fazendo o interesse pessoal prevalecer sobre o espírito de solidariedade. Ele veda qualquer sinal de reconhecimento ou de gratidão. Assim, Brás Cubas se desprende de qualquer compromisso temporal e neutraliza em si mesmo qualquer moral e qualquer emoção. Memorialista póstumo, pode retratar e analisar friamente tanto os vivos como os mortos. Como ele próprio diz, cada ação ou cada reação produz uma emoção no momento em que surge e que cessa com ela, sem prolongamento possível nem duração interior. A trajetória da sua vida – nascimento, paixão e morte – se torna exemplar, o que acentua a impressão de que é feita de uma série inesgotável de contradições, incoerências, ambições, vaidades, fracassos, triunfos etc., num desfile sem fim, como mostra o célebre capítulo do delírio de Brás Cubas. Seu ego é indiferenciado em relação à espécie humana, e ambos travam um combate impessoal por uma sobrevivência que só é garantida aos mais fortes e aos poderosos, embora indivíduo e espécie possam se encontrar em oposição. No fim das contas, o memorialista disseca as intenções de cada um, até o balanço final que ressalta o vazio da solidão humana e a relativa ausência de vítima, na luta entre o indivíduo e a vida identificada com a espécie.

Era fundamental portanto que essa competição fosse analisada na sociedade, mostrando o homem oposto ao homem no jogo das ambições. É o que Machado empreende em *Quincas Borba* (1891). Aqui põe em evidência a parte fraca da espécie, a que deve ser eliminada, completando assim *Brás Cubas,* de que este livro deriva explicitamente por obra desse mesmo princípio de egoísmo seletivo que o romance anterior mostrara e que o personagem filósofo Quincas Borba teoriza. É esse o papel do narrador imaginário. Mas o autor, neste romance como no precedente, sem ter a pretensão de ser o conhecedor onisciente desses universos, é um observador cujo ponto de vista é semelhante ao do leitor, ou antes, é simultâneo ao deste, tendo ambos um direito igual a comentar ou a interpretar.

Em *Dom Casmurro* (1899), Machado de Assis retoma a confrontação entre o amor e a glória, cuja aparente harmonia é logo minada por um conflito moral e afetivo absoluto que, sendo radical, se precipita em direção a um desenlace inelutável. De fato, ele põe em paralelo duas trajetórias, a do amor e a da glória, tomando a primeira como ângulo de visão privilegiado. Bentinho, o narrador, evoca o amor que, desde a sua infância, o prendeu a Capitu, sua jovem vizinha. Casou-se com ela, mas pouco a pouco passa a ter a suspeita e, por fim, a certeza de que Capitu o traiu com seu melhor amigo. Agora, em sua velhice solitária, tendo se tornado o "Dom Casmurro", repassa sua vida fracassada, sem que o leitor possa saber o que de fato aconteceu – se a traição de Capitu foi real ou se é um produto imaginário do ciúme doentio de Bentinho.

Dom Casmurro é o romance da incomunicabilidade. O narrador não pode sair de si mesmo para penetrar a verdade do outro, é condenado à solidão. Bentinho, agora Dom Casmurro, só consegue ver Capitu do seu próprio ponto de vista. Portanto o leitor nunca poderá conhecer a verdade de Capitu e confrontá-la com a verdade, ou antes, a suspeita de Bentinho. A própria atração de Capitu (que é filha de um pequeno funcionário, enquanto a mãe de Bentinho é uma rica viúva) pela glória só pode ser analisada pelo que o narrador dela nos diz.

Temos finalmente três pontos de vista: o de Bentinho como tal, que revive as ilusões da infância, quando acreditava no amor correspondido, e volta à sua velhice solitária; o de "Dom Casmurro", o velhote solitário que, minado pela dúvida, volta à sua infância e destrói as ilusões que tinha quando era Bentinho; enfim o do leitor ou, se quiserem, do autor, porque o autor dá ao leitor a livre escolha: ou admite a incomunicabilidade, equivalente da solidão, reconhecendo assim, apesar das dúvidas que possa ter, a verdade de Dom Casmurro; ou crê na verdade de Capitu e rejeita as suspeitas de Dom Casmurro. Para o autor, a opção, a bem da verdade, é secundária, pois o que importa, existencialmente, é a verdade de cada um considerada em si mesma. Se admitirmos que o principal ângulo de visão é o que nos faz ir do fim ao começo, a trajetória do memorialista consiste em voltar ao tempo da ilusão. Mas como esse tempo foi revelado, precisamente, como ilusório pelo amor não correspondido e pela suspeita, nunca mais se pode fazê-lo reviver. É o velho problema da irreversibilidade do tempo.

Esaú e Jacó (1904) é a história de dois gêmeos que, como os dois personagens bíblicos que figuram no título, se opõem em tudo. São ao mesmo tempo parecidos e violentamente diferentes. É o instinto de competição, arraigado no homem às voltas com sua própria semelhança, do homem como duplo que ora se funde num ser único, ora se repele a si mesmo. A semelhança faz que ele queira ao mesmo tempo identificar-se com seu duplo e dele se distinguir.

O *Memorial de Aires* (1908), último romance de Machado, é o diário de um velho diplomata aposentado, que vive com um casal profundamente unido e assiste ao casamento de dois jovens enamorados. Esse homem tem uma serenidade em que se refletem as virtudes supremas da maturidade – a tolerância, a compreensão, a austeridade, a aceitação da idade – e ele se regozija com o espetáculo desses casais felizes nos quais o amor correspondido se combina harmoniosamente com as legítimas aspirações à glória – uma glória que é obtida pela busca do bem comum e da compreensão entre os homens. Os que chegam assim ao fim dos seus dias devem reconhecer serenamente que cada vivente exige um sucessor, não para substituí-lo, mas para continuá-lo. Assim o amor correspondido equilibrará o brilho da glória, uma glória obtida por uma causa justa; assim reinará o altruísmo, que anulará o egoísmo e favorecerá a harmonia entre o amor e a glória.

Machado de Assis teve um papel fundamental, tanto no desenvolvimento das formas literárias, que ele manejou com sua perfeição técnica e sua preocupação com a expressão precisa e elegante, como no aprofundamento de seus temas essenciais. Seu humor e seu pessimismo são contrabalançados por uma benevolência que confia na liberdade humana. Sua contribuição maior para o processo de maturação da literatura brasileira está em ter servido de modelo a escritores modernistas como Ciro dos Anjos, Graciliano **Ramos*** ou Murilo Rubião. Para situá-lo na evolução da ficção brasileira, pode-se dizer que ele prosseguiu a experiência oriunda do **Romantismo***, a do romance social urbano que tem por cenário o Rio de Janeiro. Pintou a sociedade do seu tempo, a sociedade do Segundo Império e dos primeiros anos da República, mostrando em particular a ascensão da classe burguesa e denunciando, como os românticos, o poder do dinheiro.

• *Obras completas,* Rio, Aguilar, 3 vol., 1959. – Cronologia das obras não citadas no texto: **Contos:** *Contos fluminenses,* 1872; *Histórias da meia-noite,* 1873; *Papéis avulsos,* 1882; *Histórias sem data,* 1884; *Várias histórias,* 1896; *Páginas recolhidas,* 1899; *Relíquias da casa velha,* 1906; *Outros contos,* 1880. – **Teatro:** *Tu só, tu puro amor...,* 1880; *Não consultes médicos,* 1896-1897; *Lição de botânica,* 1906. – **Poesia:** *Poesias completas* (*Crisálidas,* 1864; *Falenas;* 1870; *Americanas,* 1875; *Ocidentais,* 1901); *Poesias coligidas* (1864-1875). – **Crônicas:** *Histórias de quinze dias* (1876-1877); *Notas semanais, Balas de estalo,* 1883-1886; *Bons dias,* 1888-1889; *A Semana,* 1892-1897; "Crítica", 1858-1906; "Miscelânea", 1859-1904; "Epistolário", 1862-1908. – Numerosas edições separadas, inclusive edições críticas da Civilização Brasileira e do Instituto Nacional do Livro.

➢ Parnasianismo; Teatro.

J. A. CASTELLO

MARCOS Plínio, 1936-1999 ➢ Teatro.

MATOS GUERRA Gregório de, 1623-1696 ➢ Barroco.

MEDEIROS E ALBUQUERQUE, 1867-1934 ➢ Simbolismo.

MEIRELES Cecília, 1901-1964

Poetisa nascida no Rio de Janeiro. Professora formada pelo Instituto de Educação (1917), publica em 1919 seu primeiro livro, *Espectros,* que reúne 17 sonetos de tom parnasiano. Pertence ao grupo de escritores católicos, a chamada "corrente espiritualista", e colabora até 1927 para as revistas *Árvore Nova, Terra do Sol* e *Festa*. Datam dessa época *Nunca mais e..., Poema dos poemas* (1923) e *Baladas para el-rei* (1925), em que certos críticos ouvem ecos de **Cruz e Sousa*** e de Alphonsus de **Guimaraens**, poetas simbolistas que ela admirava muito. As obras desse período serão deixadas de lado na publicação da sua *Obra poética* (1958).

De 1934 a 1938, ensina literatura luso-brasileira na Universidade do Distrito Federal. Em 1939, obtém o prêmio da Academia Brasileira de Letras por seu livro *Viagem* (1939), em que revela grande domínio da versificação e da assonância. Explora então as imagens ligadas ao espelho e à água, para sugerir o mergulho na realidade profunda que se esconde atrás da aparência das coisas. Com seu senso agudo da riqueza léxica e rítmica do português, imprime ao lirismo as belas modulações que encontramos nos poemas de amor de *Vaga música* (1942) e em *Mar absoluto* (1945), em que se exprime a grande lição dada pela natureza: a possibilidade, após uma experiência de desintegração, de reencontrar a integridade perdida. Após *Amor em Leonoreta* (1952), publica *Doze noturnos da Holanda* e *O aeronauta* (1952), que falam das suas impressões de viagem. Em 1953, recebe o título de doutora *honoris causa* da Universidade de Nova Delhi. Sua *Elegia* a Gandhi é traduzida em hindustani e em bengali. Em 1961 aparecem traduções suas de poemas de Rabindranath Tagore. Virão mais tarde *Solombra* (1963) e *Ou isto ou aquilo* (1965). Sua obra mais célebre, porém, é o *Romanceiro da Inconfidência* (1953), longo poema lírico-épico que canta a civilização do ouro e dos diamantes nas Minas Gerais do século XVIII. As lembranças da infância e das histórias que lhe contava sua avó materna, originária dos Açores, se mesclam a evocações de Vila Rica (hoje Ouro Preto), na época de Tiradentes e da Inconfidência. Cecília Meireles é um dos maiores poetas brasileiros por ter sabido exprimir certos temas universais como as vicissitudes do tempo e o uso da poesia como forma de resistência e de persistência em viver.

• *Obra poética*, Rio, Aguilar, 3.ª ed., 1972. – *Antologia poética*, Rio, Ed. do Autor, 1963.

➢ Modernismo.

M. L. ARAGÃO

MELO NETO João Cabral de, 1920-1999

Poeta nascido no Recife numa tradicional família nordestina. Pertence à geração de 1945, que ao contrário da de 1922 rejeita a pura efusão lírica, busca maior perfeição formal e se preocupa mais com a condição humana. *Pedra do sono*, seu primeiro livro (1942), atesta uma influência evidente de Carlos **Drummond de Andrade*** e, no que concerne às imagens oníricas, de Murilo **Mendes***. O poeta luta para ver as coisas de forma clara e objetiva, daí o fascínio que tem pelas realidades visuais. *O engenheiro* (1945) se propõe fazer a emoção nascer da busca da precisão, dando à construção poética o rigor de uma técnica. Em *Psicologia da composição, com a fábula de Anfion e Antíode* (1947), discute o problema da criação poética e opta, em nome da liberdade do criador diante da sua obra e numa atitude anti-subjetiva, pela rejeição da fantasia. *O cão sem plumas* (1950), *O rio* (1954) e *Morte e vida severina* (1956) põem em cena o nordestino que, vítima de uma realidade árida, luta desesperadamente pela sobrevivência. Com *Paisagens com figuras* (1956), a Espanha entra em cena: ela será um dos grandes temas da sua obra, com suas paisagens, seus habitantes, sua pintura, seus toureiros, seu flamenco. O lirismo amoroso aparece pela primeira vez em *Quaderna* (1960), com poemas todos em quadras, em que o erotismo se apresenta como um desejo de penetrar o lado oculto do ser e como uma angústia diante da dificuldade de atingir a identidade total. *Serial* (1962) traduz uma necessidade ansiosa de despersonalização e revela uma concepção da arte como atividade sagrada. Em *Educação pela pedra* (1966), dá aos poetas lições no triplo plano da dicção, da moral e da economia dos meios. Em *A escola das facas* (1980) e *Agrestes* (1985), afirma-se, por sua universalidade e também por seu cuidado e seu rigor na concepção do ofício, como um dos maiores poetas de língua portuguesa. Os 43 poemas de *Escola das facas*, que evocam Pernambuco, essa terra a que ele se sente arraigado, serviram de modelo para os poetas da nova geração.

• *Antologia poética*, Rio, Sabiá, 1967. – *Poesias completas* (1940-1965), Rio, Sabiá, 1968. – *Museu de tudo*, 1975.

➢ Modernismo; Poesia.

M. L. ARAGÃO

MENDES Murilo, 1901-1975

Poeta nascido em Juiz de Fora, Minas Gerais. Ainda moço, vai morar no Rio de Janeiro. Passa os quinze últimos anos da vida em Roma. Em seu primeiro livro, *Poemas* (1925-1929), pratica um discurso onírico e parodístico em que já se encontram vários dos temas das suas obras posteriores: jogos de sombra e de luz, presença dos anjos e dos demônios, formas vaporosas, lutas entre o corpo e o espírito sugeridas por seu imaginário católico, sede de um eterno conflito. Em 1930, publica *Bumba-meu-poeta,* em que imita em estilo modernista o teatro peninsular do século XVI, com aquele toque de surrealismo que será a marca registrada da sua poesia. Seguem-se *História do Brasil* (1932), coleção de"poemas humorísticos", e *Tempo e eternidade* (1935), escrito em colaboração com Jorge de **Lima***, em que se vê o homem que, dividido entre a graça e o pecado, busca eternamente compreender sua própria essência. Com *Poesia em pânico* (1937), *O visionário* (1941), *As metamorfoses* (1944) e *Mundo enigma* (1945), penetramos na atmosfera onírica e alucinatória que passará a envolver sua poesia. Pela plasticidade e pela novidade das suas imagens, Murilo traduz uma eterna perplexidade diante de um mundo desregrado em que reina o caos. Erotismo e misticismo assinalam a presença do eterno feminino. Em 1945, em *O discípulo de Emaús,* ele nos dá, numa composição elegante e equilibrada, uma chave para entender sua experiência poética. *Poesia e liberdade* (1947) é seguido de *Sonetos brancos* (1948), em que já está posta a questão da objetividade e do"antidiscurso", numa busca de formas e de dimensões concretas, características da poesia contemporânea. Em 1954, *Contemplação de Ouro Preto* celebra Vila Rica, sua paisagem barroca, os conspiradores da Inconfidência e as esculturas do Aleijadinho. O poeta busca cada vez mais a concisão, com versos curtos e densos em que experimentação e invenção fazem surgir imagens plásticas, táteis e visuais. Em *Convergências* (1970), sintetiza novos elementos e técnicas e destrói o discurso, numa poesia conforme à linguagem estética do nosso tempo. Em prosa poética, *A idade do serrote* (1968), *Poliedro* (1972) e *Retrato-relâmpago* (1973) mostram a profundidade do olhar que ele lança sobre os homens e as coisas. Deixou numerosos inéditos.

• *Poesias*, Rio, J. Olympio, 1959. – *Antologia poética*, Lisboa, Morais, 1964. – *Poemas* e *Bumba-meu-poeta*, Rio, Nova Fronteira, 1988.

➢ Modernismo.

M. L. ARAGÃO

MODERNISMO

Rejeição à dependência da Europa e afirmação radical da brasilidade: são esses os dois princípios do Modernismo, movimento que assinala uma ruptura fundamental na história da cultura brasileira. A revolta se afirma na Semana de Arte Moderna de São Paulo, organizada em 1922 por ocasião do centenário da Independência. Um século depois da independência política, trata-se de conquistar – projeto muito mais difícil – a independência intelectual.

Os antecedentes

Dois fatores prepararam a eclosão do modernismo: 1) o nacionalismo romântico, com sua exaltação da natureza tropical, sua idealização de certos tipos humanos característicos do Brasil (**Indianismo***) e sua reivindicação de relativa autonomia lingüística; 2) a utilização, pelos jovens artistas, das idéias de ruptura tomadas emprestadas das vanguardas européias.

Os escritores românticos, como o romancista José de **Alencar*** e o poeta **Castro Alves***, tinham distorcido o material brasileiro sob o efeito de seus modelos franceses. Na virada do século XX, certos escritores tentavam mergulhar muito mais fundo na complexidade social do país. O mulato **Lima Barreto*** estuda a sociedade urbana e a difícil integração das pessoas de cor. Euclides da **Cunha*** revela os verdadeiros motivos da resistência dos jagunços, os iluminados de Canudos. Na pena deles, os brasileiros não são mais simples alegorias, mas encarnam uma humanidade original, arraigada em sua terra.

No que concerne às vanguardas européias, cumpre assinalar a influência decisiva do manifesto futurista de Marinetti, que Oswald de **Andrade*** lera no jornal francês *Le Figaro* em 1909. Suas extravagâncias e seu culto da modernidade levaram a imprensa a dar a esses jovens a denominação irônica de "futuristas".

Houve provocações, que alimentaram as polêmicas. Em 1917, a exposição de pintura organizada em São Paulo por Anita Malfatti, artista brasileira influenciada pelo expressionismo alemão, provocou de início um vivo assombro, depois uma reação de rejeição após o violento artigo que **Monteiro Lobato*** publicou contra essas audácias revolucionárias, com o título devastador de "Paranóia ou mistificação?".

Manuel **Bandeira***, que tinha conhecido Paul Éluard na Suíça, começa a renovar discretamente a poesia com *Carnaval* (1919). Depois Mário de **Andrade***, cuja primeira obra, *Há uma gota de sangue em cada poema* (1917), ainda era muito tradicional, encontra seu caminho em 1922 com *Paulicéia desvairada*. Nesse livro, exalta a moderna e próspera capital do café, que começa então a se industrializar e que está destinada a passar à frente do Rio de Janeiro, cidade antiga e mais acadêmica: "Nenhuma aglomeração humana", escrevia Oswald de Andrade em 1921,"nunca nenhuma aglomeração humana esteve tão fatalizada a futurismos de atividade, de indústria, de história e de arte como a aglomeração paulista. Que somos nós, forçadamente, ineludivelmente, se não futuristas – povo de mil origens, arribado em mil barcos, com desastres e ânsias?"

A Semana de Arte Moderna

O acadêmico José Pereira de **Graça Aranha*** (1868-1931) foi escolhido como patrono intelectual da famosa Semana, cujo mecenas foi Paulo Prado, fazendeiro rico e esclarecido. As manifestações ocorreram no Teatro Municipal. Foram organizadas conferências, como a de Graça Aranha sobre a "emoção estética na arte moderna", que pregava um "subjetivismo livre e fecundo". Leituras de poemas ilustram reivindicações ainda imprecisas de renovação radical. Menotti del **Picchia** (1892-1988) resume a ambição do grupo: graças a um autêntico "individualismo estético", fazer surgir "uma arte tipicamente brasileira, filha do céu e da terra, do homem e do Mistério". "Queremos luz, ar, ventiladores, aeroplanos, reivindicações obreiras, idealismos, motores, chaminé de fábricas, sangue, velocidade, sonho na nossa arte! E que o rufo de um automóvel, nos trilhos de dois versos, espante da poesia o último deus homérico que ficou anacronicamente a dormir e sonhar na era da jazz-band e do cinema, com a flauta dos pastores de Arcádia e os seios divinos de Helena!"

A pintura participa com Di Cavalcanti e Anita Malfatti, a escultura com Victor Brecheret, a música com Heitor Villa-Lobos. É uma verdadeira explosão. O "grito coletivo principal" é orquestrado pelos dois Andrade (Mário e Oswald), por Menotti del **Picchia** e por Guilherme de Almeida. O público debocha e vaia. Mas o escândalo só atinge as elites locais: não há nenhum vínculo com os acontecimentos políticos contemporâneos, como a criação do Partido Comunista ou a revolta dos suboficiais do forte de Copacabana. A primeira revista modernista, *Klaxon* (1922), procura se diferenciar do futurismo afirmando que a arte é a vida: "A arte é como o ar e o pão." Seu "manifesto" explica que os jovens artistas realizaram uma operação cirúrgica nas glândulas lacrimais. Trata-se de suprimir as lágrimas do **Romantismo***, do **Simbolismo*** e da Grande Guerra, e reabilitar o riso: "*Klaxon* cogita principalmente de arte. Mas quer representar a época de 1920 em diante. Por isso é polimorfo, onipresente, inquieto, cômico, irritante, contraditório, invejado, insultado, feliz."

Vinte anos depois dos acontecimentos, Mário de **Andrade*** resumirá as ambições do movimento. A ruptura com os imperativos acadêmicos acarreta a destruição do espírito conservador e conformista, a destruição dos tabus e dos preconceitos. Para construir no terreno limpo dessa maneira, os modernistas devem respeitar três princípios primordiais, que são o direito à pesquisa estética, a atualização da inteligência artística brasileira e a consolidação de uma consciência criadora nacional. Mas não se trata de um "corpo de doutrina". O movimento foi deflagrado por uma "força fatal".

Esse período iconoclasta e lúdico, "fase de ordem crítica, de pesquisa e de experimentação" (Mário de Andrade), viu nascer algumas obras poéticas maiores, como *Paulicéia desvairada* de Mário de **Andrade***, *Pau-Brasil* de Oswald de **Andrade*** (também autor de um romance importante: *Memórias sentimentais de João Miramar*, 1924), *Martim Cererê* de Cassiano **Ricardo*** e *Cobra Norato* de Raul Bopp.

As divergências

Depois da fase heróica vem o período da construção, que logo se transforma no das divergências. No Rio de Janeiro, desenvolve-se o"objetivismo dinâmico"estetizante de **Graça Aranha***. Em São Paulo, a corrente"primitivista"tem por teórico o fogoso Oswald de **Andrade***, autor do manifesto *Pau-Brasil* (1924), que preconiza uma linguagem poética"sem arcaísmos, sem erudição, natural e neológica".

Em 1926, São Paulo retoma a iniciativa com a revista *Terra roxa... e outras terras*. Oswald anima em seguida a *Revista de Antropofagia*, dirigida por Antônio de **Alcântara Machado***, cujo lema (1928) é"tupi or not tupi, that is the question". O canibalismo ritual dos índios tupis, que se apropriavam das virtudes de seus inimigos devorando-lhes o corpo, torna-se a imagem da formação "aglutinante" da cultura pluriétnica do Brasil, que se alimentou com os despojos de várias tradições. Aliás, essa"antropofagia"não é unicamente cultural: Oswald de **Andrade***, com seu romance *Serafim Ponte Grande*, quer ser o"necrológio da burguesia", e as *Memórias sentimentais de João Miramar* são, de acordo com o crítico Antonio Candido, a"suma satírica da sociedade capitalista em plena decadência". Mas vários paulistas abandonaram essa corrente dominante para criar um grupo propriamente nacionalista, que tomou o significativo nome de *Verde amarelo* e depois se chamou *Anta*. Disso resultou uma oposição política: os primeiros aderiram ao marxismo, os segundos ao movimento fascistóide de Plínio Salgado.

Mas há outras correntes. A revista *Festa* exprime um espiritualismo aberto à modernidade, mas em busca de mistério, que produzirá dois poetas maiores: Cecília **Meireles*** (1901-1964) e Murilo **Mendes*** (1901-1975). Mário de **Andrade***, distanciando-se de Oswald, entrega-se à experimentação"delirante"."Marinetti foi grande", diz ele, "quando redescobriu o poder sugestivo, associativo, simbólico, universal, musical da palavra em liberdade."Igualmente sensível à lição cubista do *Esprit nouveau*, tenta captar a cristalização de um mesmo objeto visto de diversos ângulos. Verdadeiro "papa do modernismo", ia, com *Macunaíma* (1928), escrever a "*Odisséia* brasileira". Mas outros participantes da Semana de Arte Moderna, como Rui **Ribeiro Couto** (1898-1963) e **Guilherme de Almeida** (1890-1969), iam se revelar conservadores.

O movimento modernista vai fecundar o resto do país. Em Minas Gerais, destaca-se Carlos **Drummond de Andrade***. Em Belo Horizonte é fundada *A Revista*, cujo n.º 2 publica um editorial de Martins Moreira em que se afirma um vivo nacionalismo ("construir o Brasil no Brasil e, se possível, Minas em Minas"), inquieto diante de uma imigração maciça que "perturba ainda mais o estado da nossa mestiçagem psíquica". Outro grupo de Minas, fundado em Cataguases por Rosário Fusco e Guilhermino César, publica, de setembro de 1927 a janeiro de 1928, *Verde, Revista mensal de Arte e Cultura*, que num estilo agressivo quer "brasilianizar o Brasil".

O moderno se espalha assim por todo o país, em particular na Bahia, no Recife (com Gilberto **Freyre***) e no Rio Grande do Sul (onde recupera uma sensibilidade regionalista rica de elementos "nativistas").

Após 1930, perde seu caráter explosivo e caótico. Assume sua multiplicidade e fecunda outras correntes. Até 1945 desenvolve-se o que Tristão de Athayde chamou de pós-modernismo, o período de grande fecundidade para a poesia e o romance. Tem-se então o romance regionalista do Nordeste (José Américo de Almeida, Rachel de **Queiroz** [nascida em 1910], José **Lins do Rego***, Graciliano **Ramos***, Jorge **Amado***) e o romance de introspecção psicológica de Minas (Cornélio **Pena**, 1896-1958; Lúcio **Cardoso***), que preparam as obras maiores do romancista João **Guimarães Rosa*** e do poeta João Cabral de **Melo Neto***.

O modernismo não foi um simples eco das vanguardas européias: foi o movimento pelo qual o Brasil quis redescobrir suas raízes. Com ele, como mostrou José Guilherme Merquior,"sem nada perder de seus impulsos libertários e libertadores, a profunda revolta subjacente à arte moderna tornou-se, numa dialética própria da periferia da civilização ocidental, uma poderosa vaga de legitimação cultural" (J. G. Merquior,"Modernisme et après-modernisme dans la littérature brésilienne", in *Littérature latino-américaine d'aujourd'hui*, Paris, Colloque de Cerisy,"10/18", 1980).

M. CARELLI

MONTEIRO LOBATO José Bento, 1882-1948

Mais que sua obra literária, a própria personalidade de Monteiro Lobato marcou a cultura do país. Sua ação militante se exerceu em favor da solução dos grandes problemas do Brasil. Apesar do seu nacionalismo e das suas atitudes iniciais de precursor, acabou se opondo às vanguardas do século XX e ao **Modernismo*** de 1922. Como narrador, pertence à tradição pós-romântica e faz uma pintura satírica e às vezes sentimental dos modos do interior, numa linguagem irônica matizada de impressionismo. Nos contos de *Urupês*, sua primeira obra (1918), um marco importante na história da ficção regionalista, cria o inesquecível personagem do caboclo Jeca Tatu. Através dele denuncia as chagas físicas, sociais e mentais da população rural atrasada das grandes fazendas de café de São Paulo, sob os governos oligárquicos da Primeira República. Também devemos a ele um grande número de livros infantis.

• *Obras completas*, São Paulo, Brasiliense, 30 vol., 1946.

➢ Modernismo.

L. VASSALLO

MORAES Vinicius de, 1913-1980

Poeta nascido no Rio de Janeiro. Formado em direito, entra em 1943 para a carreira diplomática. Participa ativamente da vida literária do Rio e é considerado um dos grandes poetas da canção popular. Seus primeiros livros de poesia, *O caminho para a distância* (1933), *Forma e exegese* (1935), *Ariana, a mulher* (1936), fortemente marcados pela religiosidade, combinam **Simbolismo*** e **Modernismo***, com nítidas influências de Claudel, M. **Bandeira***, P. Valéry, García Lorca e T. S. Elliot. A partir de *Cinco elegias* (1943), sua produção perde essa dimensão espiritual, quase mística, e canta o amor, numa linguagem direta e facilmente acessível. Alguns dos sonetos, de ecos camonianos, de *Poemas, sonetos e baladas* (1946), são verdadeiras obras-primas. Toma parte ativa, até morrer, nos movimentos musicais. Com suas composições cheias de lirismo, em que canta a mulher, a paisagem tropical e o amor sensual, tornou-se uma figura simbólica da poesia brasileira. Deixou algumas obras em prosa (*Para viver um grande amor*, 1962, e *Para uma menina com uma flor*, 1966) e para o teatro (*Orfeu da Conceição*, 1956, e *Procura-me uma rosa*, 1965).

- *Poesia completa e prosa*, Rio de Janeiro, N. Aguilar, 1986.

➢ Poesia no século XX.

M. L. ARAGÃO

N

NABUCO Joaquim, 1849-1910

Político, diplomata e escritor brasileiro. Descendente de uma família tradicional de Pernambuco, Nabuco foi uma personalidade de primeiro plano, representativa de uma sociedade e de uma época. Pertencente à última geração romântica, defendeu no Parlamento, na década de 1880, a causa abolicionista (*O abolicionismo*, 1883) e permaneceu fiel aos ideais liberais do seu pai, o senador Nabuco de Araújo, de que fez o retrato em *Um estadista do império* (1899). Em sua autobiografia, *Minha formação* (1898), exprime suas idéias de diplomata e de homem cosmopolita. Das suas memórias, retêm-se sobretudo as lembranças da sua infância e dos seus primeiros contatos com os negros (ver "Massangana", verdadeiro capítulo de antologia). Seu estilo claro e vivo, em que se manifestam as influências sofridas em sua juventude (Renan, Chateaubriand), se caracteriza pelo bom gosto, pelo vigor do pensamento e pela riqueza da imaginação. Escreveu em francês os versos da sua primeira obra, *Amour et Dieu* (1874) e suas últimas reflexões, *Pensées détachées et souvenirs* (1906).

• *Obras completas,* São Paulo, Ipê, 19 vol., 1947-1949.

➢ Africanas da cultura brasileira (Fontes).

L. VASSALLO

NETO Henrique M. Coelho, 1864-1934 ➢ Coelho Neto H. M.

NETO João Cabral de Melo, 1920-1999 ➢ Melo Neto J. C. de.

NETO João Simões Lopes, 1865-1916 ➢ Simões Lopes Neto J.

NINA RODRIGUES Raimundo, 1862-1906 ➢ Africanas da cultura brasileira (Fontes).

O

OLIVEIRA Alberto de, 1859-1937 ➢ Parnasianismo.

OLIVEIRA Artur de, 1851-1882 ➢ Parnasianismo.

P

PARNASIANISMO

Esse estilo de época constituiu-se no Brasil a partir da década de 1870, quando ainda durava a agonia do **Romantismo*** e continuaria até a segunda década do século XX, paralelamente ao **Modernismo***, que se insurgirá contra essa literatura demasiado rígida. Coexiste com o Realismo-Naturalismo, a que corresponde em poesia. Essas três correntes formam, juntas, a chamada "geração do materialismo". Foram tão fortes que repeliram o **Simbolismo***. O Parnasianismo adotou os princípios do movimento francês de mesmo nome. Implantando-se solidamente, adquiriu características próprias, entre outras certa interdependência com o **Simbolismo***, seu contemporâneo. Sendo uma poética feita mais de técnica que de inspiração, e mais atenta à forma que à essência, fez fortuna no Brasil, onde é mais um rótulo que o correspondente exato do seu modelo europeu. Torna-se, assim, uma disciplina estilística de grupo, de aspecto clássico, matizada de um pouco de realismo e de preocupações sociais. Evolui da objetividade ao sentimento. Tem preferência pelas rimas ricas, raras e proparoxítonas e pratica principalmente os poemas com formas fixas e complicadas.

O credo parnasiano foi introduzido no Brasil por Artur de **Oliveira** (1851-1882), que divulga a partir de 1877 as novidades literárias parisienses. Alberto de **Oliveira** (1859-1937) lhe dedica suas *Canções românticas* (1878), exemplo ainda imperfeito do novo gosto. Prefaciando as *Meridionais* do mesmo autor (1883), **Machado de Assis*** dá aos jovens poetas conselhos favoráveis à nova estética. Ele próprio, aliás, junta-se à corrente, primeiro como precursor em *Crisálidas* (1864) e *Falenas* (1870), depois proclamando-se, em *Ocidentais* (1901), abertamente parnasiano. Outras influências importantes se devem a Gonçalves **Crespo** (1846-1883), brasileiro nascido em Lisboa, autor de *Miniaturas* (1871) e *Noturnos* (1882), e a Luís **Guimarães Júnior** (1845-1898), cujos *Sonetos e rimas* (1880) em muito contribuíram para a implantação da nova escola pelas qualidades descritivas e pitorescas de ambos. Mas a primeira obra abertamente parnasiana é *Fanfarras* (1882) de Teófilo **Dias** (1854-1889), em que certas características românticas ainda se aliam a uma influência evidente de Baudelaire. Outros livros seguiram-se: *Sinfonias* (1883) e *Versos e versões* (1887) de Raimundo **Correia** (1859-1911); *Sonetos e poemas* (1885) de Alberto de Oliveira; *Poesias* (1888) de Olavo **Bilac***. A partir de 1886, o termo aparece nos jornais e revistas para designar os jovens poetas da corrente agora vencedora.

A fase mais fértil do Parnasianismo vai até o lançamento do **Simbolismo*** com *Broquéis* (1893) de **Cruz e Sousa***. Os poetas mais fecundos são os que publicaram antes dessa data. Destaca-se uma tríade, formada por Alberto de **Oliveira**, Raimundo **Correia** e Olavo **Bilac*** (1865-1918). Seu epígono mais significativo é Vicente de **Carvalho** (1866-1924). Excelente autor de sonetos, Alberto de **Oliveira** versificou com riqueza e variedade, progredindo sem cessar até sua morte: *Canções românticas* (1878), *Meridionais* (1884), *Sonetos e poemas* (1885), *Versos e rimas* (1895), *Poesias* (1900), *Ramo de árvore* (1922). Sua poesia apresenta duas faces: imitação do modelo europeu por seus temas exóticos e por sua impessoalidade, descrição da natureza sem ofuscar o sentimento. Em Raimundo **Correia** (*Primeiros sonhos*, 1879; *Sinfonias*, 1883; *Versos e versões*, 1887; *Aleluias*, 1891; *Poesias*, 1898), a nota dominante é o sentimento do transitório, que gera amargor e pessimismo. Esse traço aparece desde seu primeiro livro, ainda romântico. Alguns dos seus sonetos constituem o que a escola fez de melhor em matéria de vocabulário. Bilac é o mais célebre e mais representativo dos parnasianos. Vicente de **Carvalho** adquiriu uma notoriedade tardia com seus últimos livros (*Ardentias*, 1885; *Relicário*, 1888; *Rosa, rosa de amor*, 1902; *Poemas e canções*, 1908). Simplicidade, escolha da palavra justa e clareza caracterizam seu lirismo amoroso, seus poemas épicos ou históricos e, sobretudo, seus versos de inspiração marinha.

• M. BANDEIRA, *Antologia dos poetas brasileiros da fase parnasiana*, Rio, INL, 3.ª ed., 1951. – O. BILAC, *Poesias*, São Paulo, Teixeira e Irmãos, 1888. – V. DE CARVALHO, *Ardentias*, São Paulo, 1885; *Relicário*, Rio, O Diário, 1888; *Rosa, rosa de amor*, Rio, Laemmert, 1902; *Poemas e canções*, São Paulo, Cardoso Filho, 1908. – R. CORREIA, *Primeiros sonhos*, São Paulo, Tribuna Liberal, 1879; *Sinfonias*, Rio, Faro e Lino, 1883; *Versos e versões*, Rio, Moreira Maximino, 1887; *Aleluias*, Rio, Ed. Fluminense, 1891; *Poesias*, Lisboa, A. M. Pereira, 1898. – T. DIAS, *Fanfarras*, São Paulo, Dolivais Nunes, 1882. – A. C. GONÇALVES CRESPO, *Obras completas*, Rio, Liv. de Portugal, 1942. – L. GUIMARÃES Jr., *Sonetos e Rimas*, Roma, Tip. Elziviriana, 1880. – J. M. MACHADO DE ASSIS, *Crisálidas, Falenas, Ocidentais*, in *Obra completa*, Rio, Aguilar, 1959 (3.º vol.). – A. DE OLIVEIRA, *Canções românticas*, Rio, Gazeta de Notícias, 1878; *Meridionais*, Rio, Gazeta de Notícias, 1884; *Sonetos e poemas*, Rio, Moreira Maximino, 1885; *Versos e rimas*, Rio, Étoile du Sud, 1895; *Poesias completas*, Rio, Garnier, 1900; *Ramo de árvore*, Rio, Anuário do Brasil, 1922.

L. VASSALLO

PEDERNEIRAS Mário, 1868-1915 ➢ Simbolismo.

PENA Cornélio, 1896-1958 ➢ Modernismo.

PENA Martins, 1815-1848 ➢ Teatro.

PERNETA Emiliano, 1866-1921 ➢ Simbolismo.

PICCHIA Menotti del, 1892-1988 ➢ Modernismo.

POESIA DO SÉCULO XX

Por volta de 1945, surgiu no Brasil, principalmente na poesia, uma geração oposta à dos modernistas de 1922. Não é uma ruptura, mas uma transição, uma evolução. Essa geração se manifesta com *Imaginações* de Ledo Ivo (1944) e *O engenheiro* de João Cabral de **Melo Neto*** (1945). Preconiza o primado do verso, a volta à métrica e à rima, a disciplina, o senso da forma, a reabilitação do passado romântico, simbolista e parnasiano, a ressurreição do soneto e a busca da expressão pessoal. Além dos poetas supracitados, seus principais representantes são Péricles Eugênio da Silva Ramos, José Paulo Moreira da Fonseca, Marcos Konder Reis, Geir Campos e Afonso Félix de Sousa, cujas obras manifestam uma rica variedade de ritmos e uma grande preocupação com a forma e o estilo. É somente a partir de 1948 que eles tomam consciência de constituir uma geração nova, a que Alceu de Amoroso Lima chamará de"neomodernista".

O ciclo das vanguardas se inicia em 1956 e dura até 1968. Entre elas encontramos o Concretismo (1956), o Neoconcretismo (1958), Tendência (1957), Violão de Rua (1962), Práxis (1962), o Poema-Processo (1967), o Tropicalismo (1968).

O **Concretismo** aparece com Ferreira Gullar, Augusto de Campos, Wlademir Dias Pino, Décio Pignatari, Ronaldo Azeredo e Haroldo de Campos, que se fazem conhecer pela revista *Noigrandes*. Para eles, um poema não é feito apenas de palavras, mas resulta da materialização das idéias por meios diversos: a palavra é apenas um deles. Valorizam o aspecto gráfico e visual dos textos e chamam a atenção do leitor com montagens que utilizam livremente o espaço da folha de papel. Também valorizam o aspecto fônico das palavras jogando com seu sentido.

Em 1957, aparece o grupo Tendência, que funda uma revista do mesmo nome e se propõe a responder às exigências da nossa época de tecnologia, de maquinismo, de dinamismo e de funcionalidade. Os poetas realizam experiências e se libertam assim do estado de contemplação passiva da geração de 1945. Entre eles se destaca a figura de João Cabral de Melo Neto.

Violão de Rua (1962) é uma vanguarda que se pretende social e política, e não mais apenas estética. É um movimento de grande vitalidade, que corresponde ao que se fazia de mais avançado no exterior e que atesta a maturidade dos pesquisadores e dos intelectuais brasileiros. A ação de seus adeptos foi fragmentária, por certo, às vezes até inconsistente, mas o importante é que praticaram, por meio da poesia, uma espécie de descentralização das informações políticas.

Tendo como líder o poeta Mário **Chamie** (nascido em 1933), nasce o movimento Práxis, cujo manifesto é publicado em 1962 no volume intitulado *Lavra-Lavra*. Cassiano **Ricardo*** o vê como um produto da nossa época industrial e tecnológica. Ao contrário do Concretismo, ele considera o poema como uma totalidade, como um objeto verbal de contornos bem definidos, completo e acabado por dentro e por fora. Essa poesia permaneceu experimental e nunca atingiu o grande público.

O Poema-Processo (1967) faz o leitor participar da obra – esta é a sua novidade. O poeta passa a se interessar pelas múltiplas espécies de informação que um poema pode transmitir. Ele não é mais concebido como um produto imediatamente acabado, mas como um convite ao leitor, que vai recriá-lo por suas próprias interpretações. Por essa participação do leitor, o texto inicial (a matriz) deixa de ser uma estrutura: ele se torna um "processo", de que resultam diversas "versões".

A partir de 1968 aparece o Tropicalismo. A poesia deixa a literatura para se unir à música. Apagam-se os limites entre o artista e o povo, e a vida cotidiana se torna a principal fonte de inspiração poética. Esse movimento propicia a eclosão de excelentes artistas-poetas, como Caetano Veloso e Gilberto Gil, que com Chico Buarque de Holanda e Milton Nascimento renovaram a função poética. Vinicius de **Moraes*** também participou dessa transição. Muda o estatuto do poeta, assim como o da poesia e o do leitor. Tudo está pronto para que surjam, em 1973, com a "poesia marginal", o novo erotismo feminino e a nova poesia negra, correntes tão heterogêneas que seria sem dúvida perigoso querer já descrevê-las em detalhe.

M. L. ARAGÃO

POMPÉIA Raul, 1863-1895

Jornalista, milita nas campanhas abolicionistas e pela República. Seu temperamento inquieto e atormentado arrasta-o a polêmicas, a um duelo e, por fim, aos 32 anos de idade, ao suicídio. Escritor, ficou célebre por seu único livro: *O Ateneu* (1888), romance autobiográfico rebelde às classificações literárias, que evoca os sofrimentos de um rapazola na atmosfera sufocante de um internato. Encontramos em suas páginas uma grande plasticidade impressionista, o gosto pelo mórbido e pelo grotesco, a marca profunda da "escrita artística" à Goncourt e alguns temas naturalistas. O autor analisa minuciosamente a psicologia dos adolescentes confinados no microcosmo desse *Ateneu* em que se refletem a violência e a hipocrisia da sociedade. Sérgio, o protagonista, persegue com seu ódio o abominável Aristarco, diretor da instituição. As cores sombrias com que são pintados os mais cruéis episódios da vida do colégio mostram todo o ressentimento que suas experiências de escolar deixaram no autor.

• *O Ateneu,* Gazeta de Notícias, 1888 (numerosas reed.).

L. VASSALLO

QORPO-SANTO, 1829-1889 ➢ Teatro.

QUEIRÓS Wenceslau de, 1865-1921 ➢ Simbolismo.

QUEIROZ Rachel de, nascida em 1910 ➢ Modernismo.

R

RAMOS Artur, 1903-1949 ➢ Africanas da cultura brasileira (Fontes).

RAMOS Graciliano, 1892-1953

Romancista do“ciclo nordestino”. Mais velho de quinze irmãos e irmãs, passa a infância em Alagoas e Pernambuco. Em 1910, deixa o colégio de Maceió (no qual entrara seis anos antes) para ajudar o pai, na época comerciante em Palmeira dos Índios. A literatura o apaixona; escreve até nos papéis de embrulho. Em 1914, vai para o Rio, trabalhando como revisor em jornais. Sua família o chama de volta em 1915. Casa-se (enviuvará cinco anos depois) e divide o tempo entre o comércio e as letras, publicando crônicas sobre os costumes locais e os tipos regionais. É eleito prefeito da cidade em 1928; casa-se com Heloísa Medeiros. Renuncia a seu mandato em 1930 e instala-se em Maceió. Freqüenta um grupo de jovens intelectuais: J. **Lins do Rego***, Rachel de **Queiroz**, J. **Amado*** etc. Em 1933, é nomeado diretor da Instrução Pública de Alagoas. Escreve sem parar. Em 1936, acusado de comunismo (só entra no Partido em 1945), é detido e mandado para o Rio. Libertado em 1937, fixa-se na capital e vive do ofício de escritor. Em 1939, é nomeado inspetor federal do ensino público. Seus contos e romances, publicados entre 1933 e 1947, lhe valem vários prêmios literários. Em 1951, é eleito presidente da Associação Brasileira de Escritores. No ano seguinte, convidado a Moscou para os festejos de 1.º de maio, visita uma parte da Europa (suas observações serão registradas em *Viagem*). Mas, vítima de um câncer do pulmão, falece alguns meses depois da homenagem por seus 60 anos.

Toda a sua obra é profundamente marcada por um nordeste privado de exotismo: nem descrição complacente das paisagens, nem visão paternalista dos problemas, mas atitude crítica, estudo do homem em seu meio, sua luta pela sobrevivência, seus sofrimentos e suas aspirações. Escreveu romances, contos, crônicas e relatos autobiográficos. Os três primeiros romances, escritos na primeira pessoa, consagram-se a uma dissecção psicológica do ser. Um pouco tímida em *Caetés* (1933), em que o herói, João Valério, comerciário, escritor fracassado, nutre uma paixão culposa pela mulher do patrão, apura-se em *São Bernardo* (1934) e em *Angústia* (1936). O homem está só, confrontando-se com o mal, sem perspectiva de salvação, numa sociedade moral e politicamente corrupta. Assim, Paulo Honório, trabalhador agrícola com uma desenfreada sede de poder, privado de todo e qualquer escrúpulo, torna-se proprietário de São Bernardo, a fazenda em que trabalhava, mergulha no isolamento e na ruína depois do suicídio da única pessoa que não conseguiu dominar: sua mulher. Tenta recuperar o equilíbrio escrevendo e relata sua tragédia. A recordação do passado, portanto, é indispensável para compreender o presente e o futuro. Em *Angústia*, esse mesmo jogo presente-passado, em que se mesclam objetividade e deformação subjetiva, permite também que um pequeno funcionário tímido, frustrado e convalescente, Luís Silva, que estrangulara o rival, se analise. Em *Vidas secas* (1938), único romance na terceira pessoa, como nos contos, a análise psicológica cede a vez ao estudo das condições de vida. O vaqueiro Fabiano e sua família, impelidos pela seca, erram em busca de uma terra mais hospitaleira. Instalam-se numa fazenda abandonada, trabalham para um patrão que os explora, mas uma nova seca os obriga a partir para mais longe. Uma tênue esperança se esboça, a fuga para o Sul, para a cidade grande. Nesse mundo em que o fraco é oprimido pelo mais forte, qualquer comunicação é impossível, o ser humano se confunde com o animal. Os treze capítulos, concebidos como contos soltos, possibilitam uma multiplicidade de pontos de vista em que o estilo indireto livre introduz certa objetividade. Nas memórias, *Infância* (1945) e *Memórias do cárcere* (obra póstuma), biografia e ficção se misturam estreitamente na injustiça e na incompreensão de certas situações da infância, como na violência e na arbitrariedade da prisão sob a ditadura de G. Vargas.

À imagem do universal hostil, a linguagem é seca e despojada. O adjetivo é banido, G. Ramos busca a concisão, a palavra certa; as expressões populares sertanejas fazem ingresso na literatura. O autor se ergue contra a linguagem pedante e floreada dos "bacharéis". Graciliano soube captar o essencial da personalidade humana, reconciliando regionalismo e universalidade. Depois de **Machado de Assis***, é um dos melhores romancistas brasileiros. Suas obras foram traduzidas para vários idiomas e inspiraram os maiores cineastas: Nélson Pereira dos Santos, com *Vidas secas* (1963) e *Memórias do cárcere* (1984), e Leon Hirszman, com *São Bernardo* (1973).

• **Romances:** *Caetés*, Rio, Schmidt, 1933. – *S. Bernardo*, Rio, Ariel, 1934. – *Angústia*, Rio, J. Olympio, 1936. – *Vidas secas*, Rio, J. Olympio, 1947. – **Contos:** *Dois dedos*, Rio, Rev. Acadêmica, 1945. – *Insônia*, Rio, J. Olympio, 1947. – **Lit. Infantil:** *A terra dos meninos pelados*, Porto Alegre, Globo, 1939. – *Histórias de Alexandre*, Rio, Leitura, 1944. – **Crônicas:** *Linhas tortas*, São Paulo, Martins, 1962. – *Viventes das Alagoas*, São Paulo, Martins, 1962. – **Memórias:** *Infância*, Rio, J. Olympio, 1945. – *Memórias do cárcere*, Rio, J. Olympio, 4 vol., 1953. – **Viagens, cartas:** *Viagem*, Rio, J. Olympio, 1954. – *Cartas*, Rio, Record, 1981.

➢ Modernismo.

J. PENJON

REGO José Lins do, 1901-1957 ➢ Lins do Rego J.

RIBEIRO COUTO Rui, 1898-1963 ➢ Modernismo.

RICARDO Cassiano, 1895-1974

Poeta nascido em São José dos Campos, estado de São Paulo. Estuda Direito no Rio de Janeiro. Seu primeiro livro, *Dentro da noite* (1915) é de tendência simbolista. Vem depois sua fase parnasiana, com *A frauta de Pã* (1917), *Jardim das Hespérides* (1920) e *Atalanta e Evangelho de Pã* (1925). É um dos partidários mais entusiasmados do **Modernismo***. Participa da fase nacionalista do movimento, a do Verdeamarelismo (1926) e do Grupo da Bandeira (1928), com obras como *Vamos caçar papagaios* (1926), *Borrões de verde e amarelo* (1925), *Martim Cererê* (1928), poesia histórica e fabulosa, e *Deixa estar, jacaré* (1931). Seus poemas são cheios de mitos e de imagens relativas ao Brasil primitivo e folclórico: divindades aquáticas (*uiaras*), seres fabulosos (*caaporas*), mulas-sem-cabeça, tucanos e índios, todos os múltiplos habitantes da mata "de cabelos verdes". Eleito em 1937 para a Academia Brasileira de Letras, combate as "velhas mentalidades", polemizando em favor da liberdade de pensamento e da renovação das formas literárias. A partir de 1940, sua poesia exprime um lirismo mais universal: preocupado com o destino dos homens, procura resolver pela solidão e pelo silêncio as discórdias e os desentendimentos. É o que exprime *O sangue das horas* (1943), *Um dia depois do outro* (1947) e *A face perdida* (1950).

Sua poética consiste numa reflexão permanente sobre os movimentos históricos e literários que se sucederam no Brasil e no mundo ao longo do século XX. Escreveu numerosos estudos de crítica literária, discutindo algumas questões fundamentais relativas à criação poética, entre outros *A Academia e a poesia moderna* (1939), *A Academia e a língua brasileira* (1943), *A poesia na técnica do romance* (1953). Procurou ampliar a dimensão semântica das palavras reduzindo ao máximo a extensão discursiva e fazendo um uso original do espaço gráfico. Os poemas de *Jeremias-sem-chorar* (1964) inspiram-se em parte na façanha do cosmonauta Iúri Gagárin, que, ao contrário do Jeremias bíblico, não pode chorar, porque suas emoções foram esterilizadas pelo mundo mecânico, que despoetiza a realidade.

• *Poesias completas*, Rio, J. Olympio, 1957. – *Seleta em prosa e verso*, Rio, J. Olympio/INL, 1972. – *Montanha russa*, São Paulo, Cultrix, 1960.

➢ Modernismo.

M. L. ARAGÃO

RIO João do, 1881-1921 ➢ Teatro.

RODRIGUES Nelson, 1912-1980 ➢ Teatro.

ROMANTISMO

No Brasil, o Romantismo ocupa grande parte do século XIX: 1836-1875. Os poemas *Suspiros poéticos e saudades* de Domingos José **Gonçalves de Magalhães** (1811-1882) e a revista *Nitheroy*, criada por Magalhães, Porto Alegre e Torres Homem, publicados em Paris em 1836, são seus"manifestos". Se na Europa o Romantismo é um protesto cultural, se o"mal do século", a saudade do paraíso perdido são as conseqüências da industrialização e da ascensão da burguesia, no Brasil, onde a sociedade do Império compreende apenas grandes proprietários escravocratas e uma burguesia nascente, o movimento, produto de importação, corresponde a uma afirmação nacionalista. Coincide também com a independência do país (1822). Em 1808, a corte portuguesa se instala no Rio. Pouco a pouco a cidade vai se transformar em capital, com biblioteca, teatro, Imprensa Real, escolas etc. Outros centros urbanos, Salvador, Olinda, Recife e São Paulo, graças às Faculdades de Direito e às Escolas de Medicina, vão se tornar centros de formação intelectual. Numerosas revistas literárias ou políticas surgem. José Bonifácio de Andrada e Silva (1763-1838) traduz Ossia, Young, Byron, lidos em seu exílio em Bordeaux (1822-1829). O país, agora acessível, atrai os artistas, os naturalistas europeus. Taunay e Debret revelam suas originalidades; Saint-Hilaire, Echweg mostram a magia da natureza tropical etc. A Europa americanófila está em busca de exotismo. Garrett em sua introdução ao *Parnasolusitano* (1826-1827) e Ferdinand Denis (1798-1890), após uma temporada no país, esboçam um verdadeiro programa de renovação da literatura brasileira: os autores devem libertar-se das influências européias, interessar-se pelos primeiros exploradores e encontrar a inspiração na natureza da sua terra. Até 1837, o Brasil passa por um período agitado (os movimentos nacionalistas forçam d. Pedro I a abdicar em 1831) e só depois do restabelecimento da ordem pública é que as reformas relativas à vida intelectual, literária e artística passam ao primeiro plano. As sociedades secretas e científicas (Sociedade Filomática) incentivam os intelectuais a lançar um olhar curioso ao país, à sua história, sua formação étnica, sua flora, sua fauna etc. (o Instituto Histórico e Geográfico é criado em 1838). Mas não é nada fácil libertar-se das influências européias: se, por reação, o modelo literário não deixa de ser português, é substituído entretanto por um modelo inglês e, depois, francês. **Gonçalves de Magalhães** tem contudo o mérito de romper com o passado.

Poesia

Imaginação, sentimento, emoção prevalecem sobre a razão. É o triunfo do individualismo e do subjetivismo. Idealiza-se a realidade, foge-se do mundo pelo sonho; angústia e pessimismo preponderam, pratica-se o culto da morte, do passado e da natureza. Grandes temas dominam toda a poesia: saudade, **Indianismo***, "mal do século", natureza brasileira – "exaltação nacionalista" e causas sociais (abolicionismo). Descartam-se as imposições da arte poética clássica. Odes, baladas, hinos, canções etc. substituem o soneto; o verso se torna musical, a linguagem mais pitoresca, o poeta é livre na criação. Cada década vê surgir novos poetas, cujas tendências divergem enquanto as grandes correntes se entrecruzam. Assim, em sua poesia religiosa, sentimental e ferozmente nacionalista, o pai do romantismo, **Gonçalves Dias***, cantor da saudade, da melancolia e da fatalidade dos amores não correspondidos, alia o sentimento religioso à descrição da natureza; valorizando o índio e idealizando-o, dá à literatura um caráter tipicamente brasileiro. O movimento se transforma depois num ultra-romantismo em que culto do eu, pessimismo, desespero,"mal do século", segundo os modelos de Byron, Shelley ou Musset, são as musas de Álvares de **Azevedo** (São Paulo, 1831-1852), cuja obra revela um delírio amoroso erótico e criações mórbidas desesperadas, ou do baiano Junqueira **Freire** (1832-1855). Ao lado de poemas"negros" de desânimo, Casimiro de **Abreu** (1839-1860), inspirando-se em Magalhães e G. Dias, retoma o lirismo nostálgico do exílio e da infância. Fagundes **Varela** (1841-1875), pintor da vida campestre, de paisagens realistas, das grandes dores humanas e dos dramas de consciência, por seu ardor nacionalista, sua visão da América como paraíso da liberdade, anuncia o romantismo liberal dos últimos anos, anos de comoções sociais e políticas (crise do sistema patriarcal, campanha abolicionista, declínio da monarquia etc.). O modelo é agora Victor Hugo, a poesia se torna oratória, *condoreira*. Seu bardo, **Castro Alves***, investido de uma missão, reclama justiça e liberdade. O negro escravo, o negro homem vai substituir o índio. Como ele, é idealizado, não há atenção para o que lhe é próprio, mas sim um"branqueamento", transformando-o em mito.

Ficção

A poesia era o gênero literário nobre. Só a partir da década de 1830 é que se desenvolve o gosto pelo romance. As traduções de romances populares franceses, melodramáticos e rocambolescos (E. Sue, P. Féval etc.), é que vão deliciar um público em busca de passatempo, constituído de mulheres da sociedade, de estudantes e de profissionais liberais. São publicadas na imprensa na forma de folhetins (moda oriunda da Europa). A. G. **Teixeira e Souza** (1812-1861) e J. Manuel de **Macedo** (1820-1882) vão abrir caminho para duas tendências da ficção romântica: o romance histórico e o romance de atualidade. O primeiro, tomando por modelo Walter

Scott, V. Hugo, Dumas pai etc., elabora uma espécie de romance de capa e espada, fértil em peripécias: *O filho do pescador* (1843). Mas é só em 1857 que **Alencar***, com *O guarani*, lhe dará foro de nobreza. Os episódios históricos escolhidos devem interpretar a história nacional, ser símbolos da formação do Brasil. É o caso de *As minas de prata* e de *A guerra dos mascates* (que tem por cenário as revoltas nativistas contra o colonizador português), do mesmo autor. B. **Guimarães*** (1825-1884), com menos sucesso, tomará por tema o passado de Minas Gerais e frei João Franklin da Silveira **Távora** (1842-1888), a história de Pernambuco. **Macedo**, com *A moreninha* (1844), cria o tipo da moça brasileira romântica e pinta a alta sociedade do Rio num romance de atualidade água-com-açúcar. A natureza brasileira aparece nele como um cenário sentimental. É também a sociedade do Rio, na época de dom João VI, que surge na pena de M. Antônio de **Almeida*** em *Memórias de um sargento de milícias* (1852-1853). Mas é novamente Alencar quem vai definir as novas "normas" para os "perfis femininos" e os "quadros de sociedade": apura a análise, o estudo de caráter e encaminha-se para o realismo com *Lucíola* (1867) e *Senhora* (1875). A ficção também encontra no Indianismo um tema fecundo: *O guarani* idealiza a formação étnica do Brasil; *Iracema* (1865) explica a origem do Ceará a partir de uma lenda índia e *Ubirajara* (1874) estuda a vida tribal. O negro "mitificado" tem eco na obra de B. **Guimarães**: *A escrava Isaura* (1875). Enquanto é exaltada e idealizada tanto em Alencar como em Guimarães, a natureza brasileira é, ao contrário, objeto de estudo e de análise em A. d'Escragnolle **Taunay** (1843-1899), que revela a existência de um outro Brasil, o do interior, do sertão. Em *Inocência* (1872), descreve com realismo os costumes dos sertanejos e traça um novo caminho para a ficção: o romance do sertão que, mais tarde, dará nascimento ao regionalismo.

A linguagem é enriquecida com expressões familiares, palavras tupi; musicalidade, cor e imagens acompanham estados de espírito e situações dramáticas. **Alencar*** reivindica, aliás, uma "língua literária brasileira" para reduzir a distância entre a língua escrita lusitanizante e a língua falada. Apesar da volta atrás dos parnasianos, o Brasil conquistou com os românticos o direito de não mais escrever "à portuguesa".

Teatro

O teatro assiste ao triunfo da comédia de costumes e do drama voltado para o passado nacional e até português. São abandonadas as unidades de tempo e de lugar que se opõem à evolução das paixões.

O romantismo permitirá definir a nacionalidade, valorizar o passado, as origens americanas e lançar as bases da historiografia literária. Inova, criando o romance histórico e instaurando uma língua literária. Consolida a literatura brasileira, muito embora os modelos sejam europeus, e com isso permite que ela se integre às grandes literaturas ocidentais.

• C. DE ABREU, *Obras*, São Paulo, Cia. Ed. Nac., 1940. – M. A. DE ALMEIDA, *Memórias de um sargento de milícias*, em *Correio Mercantil*, Rio, 1854-1855. – M. A. ÁLVARES DE AZEVEDO, *Poesias*, Rio, Tip. Americ. J. J. da Rocha, 1953. – L. FAGUNDES VARELA, *Obras completas*, São Paulo, Saraiva, 1956. – D. J. GONÇALVES DE MAGALHÃES, *Suspiros poéticos e saudades*, Paris, Mausot, 1836. – B. GUIMARÃES, *Obras completas*, Rio, Briguiet, 13 vol., 1941. – L. J. JUNQUEIRA FREIRE, *Obras*, Rio, Zélio Valverde, 3 vol., 1944. – J. M. DE MACEDO, *A moreninha*, São Paulo, Ática, s.d. – A. D'ESCRAGNOLLE TAUNAY, *Inocência*, Rio, Tip. Nac., 1872. – A. G. TEIXEIRA E SOUSA, *O filho do pescador*, Rio, Paulo Brito, 1843.

J. PENJON

ROSA João Guimarães, 1908-1967 ➢ Guimarães Rosa J.

S

S

SÃO CARLOS Francisco de, 1768-1829 ➢ Arcadismo.

SILVA F. Rodrigues, 1815-1879 ➢ Indianismo.

SIMBOLISMO

No Brasil, a corrente simbolista começa a se manifestar nos anos 1880-1890. Apesar da sua novidade não teve aqui o mesmo papel que representou na Europa, talvez porque não passasse de uma imitação de modelos franceses. De fato, não há nada em comum entre as idéias simbolistas e a vida brasileira das últimas décadas do século XIX. Surgindo após a prosa realista-naturalista e a poesia parnasiana, o Simbolismo foi, desde a origem, sufocado pelo prestígio dessa literatura oficial. **Parnasianismo*** e Simbolismo são paralelos em vários pontos. Ambos se opõem ao Império escravocrata e a certas formas superadas de **Romantismo***, mas os simbolistas se singularizam por sua ignorância dos problemas sociais da Primeira República. Foi por isso que receberam o apelido de "nefelibatas" ("gente que vive nas nuvens"). Os literatos evoluem entre essas duas correntes, que só se diferenciam por alguns matizes e para as quais o poeta, distante da vida social, faz da arte sua missão e seu sacerdócio. Assim, o culto da forma entre os parnasianos equivale à religião do verbo entre os simbolistas. Uns e outros comungam no gosto pelas pesquisas estilísticas e nos esforços baldados de realizar, por meio da arte, um projeto metafísico.

O Simbolismo brasileiro sofreu a influência de seus similares lusitano, belga e anglófono, mas o movimento veio da França, introduzido por **Medeiros e Albuquerque** (1867-1934) que, desde 1887, recebia e divulgava os livros decadentistas. Depois de *Pecados* e de *Canções da decadência* (1889), de sua autoria, Wenceslau de **Queirós** (1865-1921) também fez obra precursora com *Versos* (1890) e *Heróis* (1898). No Rio, o jornal *Folha Popular* publicou em 1891 um manifesto renovador e mallarmeano assinado por **Cruz e Sousa***, Oscar Rosas, B. Lopes e Emiliano **Perneta**. Em 1892, nasce no Ceará a Padaria Espiritual, sociedade literária em que alguns jovens se entregavam às excentricidades da nova arte. Em 1893, **Cruz e Sousa*** (1861-1898) oficializa a corrente simbolista com *Missal* e *Broquéis*. Depois dele, Alphonsus de **Guimaraens** (1870-1921) se destaca com *Septenário das dores de Nossa Senhora* (1899), *Dona mística* (1899), *Kyriale* (1902) e *Pauvre lyre* (1921). Entre seus incontáveis epígonos, cumpre mencionar Emiliano **Perneta** (1866-1921), Pedro **Kilkerry** (1885-1917), Eduardo **Guimaraens** (1892-1928) e Mário **Pederneiras** (1868-1915), que em suas *Histórias do meu casal* (1906) utilizou sistematicamente o verso livre. Os "intimistas", "penumbristas" ou "crepusculares" se reuniram na revista *Fon-Fon*, publicada no Rio de Janeiro.

Três vertentes temáticas se distinguem no Simbolismo brasileiro: a de Cruz e Sousa, de intensa musicalidade, que transfigura a condição humana e lhe proporciona horizontes transcendentais; a de A. de Guimaraens, que opta pelas cadências elegíacas e faz da morte um objeto de liturgia e a dos "crepusculares", que esboçam breves quadros intimistas e abafam os excessos de sonoridade dos primeiros. O Simbolismo brasileiro se caracteriza por uma fisionomia complexa, mas com uma estrutura cultural simples e elementar, que corresponde a uma etapa muito mais afetiva do que intelectual. Não obedece a critérios, a categorias ou a esquemas rígidos. Teve muitos grupos, gerações e revistas efêmeras. Impregnou certos parnasianos, como Alberto de **Oliveira** e **Coelho Neto***, e os Neoparnasianos Augusto dos Anjos e Raul de Leoni. De um modo geral, fertilizou o espírito literário. Associado ao Naturalismo, está na origem da prosa impressionista que preparou o **Modernismo***, com *O ateneu* de Raul **Pompéia*** (1888) e *Canaã* de Graça **Aranha*** (1902). Também há germes simbolistas em autores que vão se realizar depois de 1922, como Manuel **Bandeira***, Mário de **Andrade***, Onestaldo Pennafort, mas principalmente nos membros do grupo espiritualista de Tasso da Silveira e Cecília **Meireles***, organizado em torno da revista *Festa* (1927).

• M. ANDRADE, *Panorama do movimento simbolista brasileiro*, Rio, INL, 3 vol., 1952.

L. VASSALLO

SIMÕES LOPES NETO João, 1865-1916

Contista, dramaturgo, historiador e folclorista, Simões Lopes Neto é um dos principais representantes do regionalismo brasileiro. Sua obra é toda consagrada ao Rio Grande do Sul e aos gaúchos. Foi lá que nasceu, perto de Pelotas, numa família rica. Fez seus estudos secundários no Rio de Janeiro, mas não se sabe ao certo se fez estudos superiores. Em 1882, por razões de saúde, volta para Pelotas, onde freqüenta a sociedade local e, exercendo as mais diversas profissões – tabelião, industrial, professor, jornalista –, dilapida rapidamente sua herança. O jornalismo lhe dá uma oportunidade de manifestar sua vocação de escritor: em 1888 publica na imprensa, sob o título de *Bolas de estalo*, uma série de triolés. Mas nem seus artigos nos jornais, nem os volumes que publicou mais tarde em Pelotas, deram-lhe notoriedade em vida.

Homem culto, influenciado pelos autores franceses e as idéias cientificistas da sua época, encontrou no "Pré-Modernismo" – movimento que, sob o signo do **Parnasianismo***, surgiu no Brasil no início do século – e no regionalismo gauchesco os instrumentos lingüísticos e os procedimentos estilísticos necessários à manifestação do seu talento. Grande conhecedor da história dos pampas, como se pode constatar à leitura de *Terra gaúcha* (1955), tenta reatar com uma tradição que se arraiga na literatura popular oral, que procurou preservar em seu *Cancioneiro guasca* (1910). Autores como Caldre e Fião (1829-1875), A. Porto Alegre (1844-1904), J. B. dos Santos (1848-1892) e O. Belo (1851-1919) haviam desenvolvido essa tradição e forjado uma língua literária gaúcha, um português local enriquecido com hispanismos e palavras indígenas. Simões Lopes Neto utilizou largamente esse fundo lingüístico e, mediante o emprego de técnicas literárias insólitas para seus concidadãos, tornou-se um dos maiores escritores regionalistas do Brasil, fazendo penetrar na literatura culta grande número de histórias (*casos*), lendas, provérbios, anedotas e superstições populares. Numa época em que as mutações devidas à revolução industrial transformaram profundamente o estatuto social do povo do Rio Grande do Sul, ele celebra o gaúcho, idealizado com molde nos tempos heróicos. Depois passa insensivelmente do saudosismo à paródia irônica, diante desse ser que, mergulhado numa nova realidade, se vê despojado da sua aura mítica. A primeira perspectiva é a dos *Contos gauchescos* (1912) e das *Lendas do Sul* (1913); a segunda, a dos *Casos do Romualdo* (1952).

• S. BEMOL (pseud.), *O boato*, Pelotas, Echenique, 1894; *Viúva Pitorra*, Pelotas, Livr. Comercial, 1896; *Cancioneiro Guasca*, Pelotas, Livr. Universal, 1910; *Contos Gauchescos*, Pelotas, Echenique, 1912; *Lendas do Sul*, Pelotas, Echenique, 1913; *Os bacharéis*, Pelotas, Tip. da Fábr. Guarani, 1914; *Valsa Branca*, Pelotas, Tip. do *Diário Popular*, 1914; *Contos gauchescos e Lendas do Sul*, ed. crít. A. Buarque de Holanda, Porto Alegre, Globo, 1949; *Casos do Romualdo*, Holanda, Porto Alegre, 1952; *Terra gaúcha*, Holanda, Sulina, 1955. – A. PIRES MOREIRA, *A outra face de João Simões Lopes* (textos publicados na imprensa), Holanda, Martins, 1983; *Contos gauchescos, Lendas do Sul, Casos do Romualdo*, ed. crít., L. Chiappini Moraes Leite, Rio, Presença, 1988.

D. TOLEDO

SOUSA João da Cruz e, 1861-1898 ➢ Cruz e Sousa J. da.

SOUZA Cláudio de, 1876-1954 ➢ Teatro.

SOUZA CALDAS Antônio Pereira de, 1762-1814 ➢ Arcadismo.

SUASSUNA José Segueira Ariano, nascido em 1927 ➢ Teatro.

T

t

TAUNAY Afonso d'Escragnolle, 1843-1899 ➢ Romantismo.

TÁVORA João Franklin da Silveira, 1842-1888 ➢ Romantismo.

TEATRO

O teatro foi introduzido no Brasil pelos jesuítas, que o utilizavam para evangelizar os indígenas e censurar os costumes dos colonos portugueses. Herdeiro da cena medieval e, sobretudo, de Gil Vicente (1474?-1537?), o padre José de **Anchieta** (1534-1597) escreveu e encenou pelo menos oito *autos* (era esse o nome das peças do teatro português primitivo). Eram obras de circunstância, que celebravam por exemplo a chegada à colônia de um religioso, de uma relíquia das Onze Mil Virgens ou a festa de um santo padroeiro. O uso do plurilingüismo (português, castelhano e tupi) convinha aos espectadores, que eram de diversas origens. As danças que costumavam encerrar o espetáculo agradavam muito aos índios.

Introduzida tardiamente (na mesma data, na Inglaterra, por exemplo, florescia o admirável teatro elisabetano), a ingênua e primitiva dramaturgia de Anchieta não teve continuação. Não se sabe muita coisa sobre os séculos XVII e XVIII. Por isso, a descrição de algumas festas realizadas em Cuiabá, de 8 de agosto a 11 de setembro de 1790, é como uma revelação: representaram-se, nesses festejos, catorze textos diferentes, entre outros a tragédia *Ignez de Castro*, a comédia *Tamerlão*, a ópera *Ezio em Roma*, o entremez *Sganarello* e a tragédia *Zaire* de Voltaire (único autor citado). A única peça brasileira dessa época que foi conservada é um drama, *O Parnaso obsequioso*, encenado em Vila Rica (atual Ouro Preto) em 1768, por ocasião do aniversário do governador da capitania. Seu autor é Cláudio Manuel da **Costa** (1729-1789), poeta arcádico e futuro conspirador antiportuguês. Os versos da peça são bastante ruins. No entanto o autor fazia parte de uma plêiade de excelentes poetas que traduziam Metastásio e Maffei. A sala de espetáculos da cidade é sem dúvida a mais antiga da América do Sul.

As *casas da ópera* construídas no Rio, Vila Rica, Diamantina, Recife, São Paulo, Porto Alegre e Salvador, atestam em todo caso a existência de um teatro regular no século XVIII. O mais antigo homem de teatro do Brasil é sem dúvida nenhuma o padre Ventura, que dirigia no Rio uma trupe de mulatos. Sua *casa da ópera* foi destruída por um incêndio em 1769.

Embora a transferência da corte portuguesa para o Rio, em 1808, tenha trazido ao teatro algum progresso, a proclamação da independência em 1822, seguida logo depois do início do **Romantismo***, é que lhe imprimiu um grande vigor. O ator João Caetano dos

Santos (1808-1863) formou, em 1833, uma companhia brasileira com a intenção de"acabar com a dependência de atores estrangeiros para o nosso teatro". Seu nome ficou ligado a dois grandes acontecimentos: a primeira representação, em 13 de março de 1838, de *Antônio José ou o poeta e a Inquisição,* de **Gonçalves de Magalhães*** (1811-1882), e em 4 de outubro do mesmo ano de *O juiz de paz na roça,* comédia de Martins **Pena** (1815-1848). *Antônio José* foi, como proclamava seu autor,"a primeira tragédia escrita por um brasileiro, e única de assunto nacional", enquanto *O juiz de paz* explorava o rico filão do que é sem dúvida o gênero brasileiro mais autêntico: a comédia de costumes.

A intriga de *Antônio José,* vítima da Inquisição, se perde em peripécias incríveis: um monge abjeto denuncia o protagonista, com a esperança de conquistar sua amada, a atriz Mariana. A comédia sem pretensões de Pena, ao pintar apenas tipos em vez de grandes personagens, zomba do explorador estrangeiro e do cortesão astuto e inescrupuloso, assim como dos representantes dos "três poderes"– os funcionários corruptos do executivo, os deputados cheios de retórica e os magistrados que julgam em função dos seus interesses pessoais. O romantismo se situa no final feliz que coroa, após obstáculos inevitáveis, os amores dos jovens personagens. Mas os seis dramas que Pena deixou se perdem em intrigas absurdas.

Continuador da comédia de costumes, em obras como *A torre em concurso,* em que critica o complexo de inferioridade nacional diante de tudo o que é estrangeiro, Joaquim Manuel de **Macedo*** (1820-1882) teve o mérito de inaugurar, em 1855, com a"ópera" *O primo da Califórnia,* transposição de *O tio da América* de Scribe, o Ginásio Dramático criado no Rio tomando como modelo o Ginásio de Paris. Com ele o melodrama histórico cede a vez aos personagens modernos dos "dramas de casaca" (o traje elegante na moda) e um estilo de representação natural substitui os excessos anteriores. *A moreninha*, adaptação do romance que ele publicara trinta anos antes, conserva nessa nova forma seu charme romântico.

O romancista José de **Alencar*** (1829-1877) foi um dramaturgo mais exigente. Fez toda a sua carreira teatral entre 28 e 32 anos, convencido de que "a platéia fluminense estava em anacronismo de um século com as idéias do escritor". *O demônio familiar*, inspirado em *O barbeiro de Sevilha* de Beaumarchais, é sua comédia mais representada. Depois de pagar tributo às frágeis convenções do realismo em *As asas de um anjo* e *A expiação*, derivadas de *A dama das camélias*, Alencar exprimiu em *O jesuíta* seu ideal da *brasilidade*, apresentando o país como um refúgio para os perseguidos do mundo inteiro.

Leonor de Mendonça, do poeta **Gonçalves Dias*** (1823-1864), é unanimemente considerado o melhor drama brasileiro do século XIX. A protagonista é assassinada pelo marido, como em *Otelo*, mas o autor quis fazer dessa história um exemplo da "eterna sujeição das mulheres, o eterno domínio dos homens [...]. Nela a fatalidade é filha dos nossos costumes. Se a mulher não fosse escrava, como é de fato, D. Jaime não mataria sua mulher". Esse lúcido prólogo já é, como a própria peça, um manifesto feminista.

Outros poetas românticos se dedicaram ao teatro, por exemplo Casimiro de **Abreu** (1839-1860), com *Camões e o jau*, bem recebido em Lisboa em 1856, quando o autor não tinha dezessete anos; Álvares de **Azevedo** (1831-1852), que com *Macário* fez uma "tentativa dramática" cheia de intuições geniais; e principalmente **Castro Alves*** (1847-1871), que em *Gonzaga ou a Revolução de Minas* trata do problema da escravatura e celebra a república, cuja instauração devia suceder a independência.

Machado de Assis* (1839-1908), maior romancista do Brasil, também foi um excelente crítico teatral, mas suas peças, que evocam os *Provérbios* de Musset, se prestam muito mais à leitura do que à representação, conforme o acertado juízo de seu amigo Quintino Bocaiúva. Em *A lição de botânica*, vemos como a botânica aplicada leva o homem ao amor, e *Quase ministro* é uma sátira da bajulação nacional aos políticos.

A comédia de costumes ganha em expressão realista com José **França Júnior** (1838-1890), de quem foram conservadas duas dúzias de peças. A sátira política atinge nele maior eficácia com *Como se fazia um deputado* e *Caiu o ministério!*, retratos implacáveis da máquina governamental. *As doutoras*, na linha de *As sabichonas* de Molière, caçoa da linguagem pedante de uma advogada e das pretensões científicas de uma médica, para a qual "o coração é um músculo oco". O retorno ao "bom senso" feminino, graças principalmente à maternidade, põe fim a esses exageros, numa visão claramente conservadora. Sua graça, somada a uma técnica perfeita, garante a sobrevivência desses textos.

Só depois de 1960 é que foi descoberto o teatro de **Qorpo-Santo**, pseudônimo de José Joaquim de Campos Leão (1829-1889), que foi saudado como um precursor do Teatro do Absurdo. De fato, pode-se entrever nessas fantasias rebeldes ao discurso retórico e lógico da época, como *As relações naturais*, *Mateus e mateusa* e *Hoje sou um e amanhã outro*, um surrealista *avant la lettre*.

A trajetória da comédia de costumes acaba com Artur **Azevedo** (1855-1908), a maior figura do teatro brasileiro, ao mesmo tempo dramaturgo, tradutor, adaptador, crítico, animador da vida teatral e principal responsável pela construção do Teatro Municipal do Rio de Janeiro. Escreveu duas burletas – *A capital federal* e *O mambembe* –, que são verdadeiras obras-primas.

Depois de Artur Azevedo, diversos autores, que aliam a pintura dos costumes ao gosto simbolista então em voga, continuaram a se impor. Destacam-se *Quebranto* de **Coelho Neto*** (1864-1934), em que um velho seringueiro recusa a moça que desejava enganá-lo; *Eva* de João do **Rio** (1881-1921), em que a protagonista põe à prova, num meio refinado que evoca Oscar Wilde, a legitimidade dos sentimentos de um dos seus pretendentes; *O canto sem palavras* de Roberto **Gomes** (nascido em 1882, suicidou-se aos 40 anos em 1922), sobre o amor de um velho por sua jovem afilhada, em que revê a mãe desta, que ele amara; *A comédia do coração* e *As noivas* de Paulo **Gonçalves** (1897-1927), que tratam, a primeira, de um conflito de sentimentos, a segunda da espera inútil, numa atmosfera nostálgica à Tchekov, de três moças do interior cujos noivos foram tentar a sorte em São Paulo e não voltam para buscá-las; e *Flores de sombra* de Cláudio de **Souza** (1876-1954), em que a seriedade provinciana contrasta com a frivolidade das cidades.

A Semana de Arte Moderna de São Paulo (1922) não influenciou imediatamente o teatro. Só depois de 1930 é que foram publicadas três peças de Oswald de **Andrade*** (1890-1954) concebidas segundo o novo espírito: *O rei da vela,* virulenta sátira da aliança do arrivismo montante com a aristocracia decadente, cujos protagonistas parodiam Abelardo e Heloísa, como os de *Ubu rei* de Jarry parodiavam Macbeth e lady Macbeth; *O homem e o cavalo,* que retoma o *Mistério bufo* de Maiakóvski; e *A morta,* ato lírico de bela inspiração poética. Muito à frente do seu tempo, o teatro de Oswald de Andrade só encontrou público em 1967, numa montagem original do *Rei da vela* pelo Teatro Oficina de São Paulo.

Os princípios estéticos da Semana só se materializaram no palco em 1943, com a representação de *Vestido de noiva* de Nelson **Rodrigues** (1912-1980) no Teatro Municipal do Rio, por Os Comediantes, companhia de amadores dirigida pelo polonês Ziembinski (1908-1978). A ação se fragmenta em três planos: o da realidade, o da memória e o da alucinação. O dramaturgo explorou posteriormente o inconsciente coletivo, em obras como *Álbum de família*, *Anjo negro* e *Dorotéia*, depois fez a síntese dos elementos míticos, psicológicos e sociais numa série de "tragédias cariocas", entre outras *A falecida*, *Boca de ouro* e *Toda nudez será castigada*. Pela importância da sua obra, Nelson Rodrigues é o verdadeiro pai do teatro brasileiro contemporâneo.

A incorporação das fontes rurais começa, em 1955, pela dramaturgia do café, com *A moratória* de Jorge **Andrade** (1922-1984). No ciclo de dez peças de *Marta, a árvore e o relógio*, o autor pinta um verdadeiro quadro da história brasileira, com *Vereda da salvação*, *Pedreira das almas*, *As confrarias* e, finalmente, *O sumidouro*, depois de ter feito uma interessante sondagem autobiográfica em *Rastro atrás*.

Ariano **Suassuna** (nascido em 1927) abre, em 1957, novos caminhos com o *Auto da compadecida*, milagre de inspiração medieval fundido numa farsa popular nordestina. *O santo e a porca* introduz a noção católica do pecado no tema da avareza já tratado por Plauto em *Aulularia* e por Molière em *O avaro*. *O arco desolado* se inspira na mesma lenda de *A vida é sonho* de Calderón de la Barca. Assinalemos enfim *A pena e a lei*, "presépio de hilaridade teatral", de profunda significação religiosa, cuja intenção apologética é mostrar que "só na hora da morte é que nos transformamos em nós mesmos".

As greves e a luta das classes nos centros urbanos – esse é o tema de *Eles não usam black-tie* (1958) de Gianfracesco **Guarnieri** (nascido em 1934). *A semente* é uma autocrítica do militantismo de esquerda que se perde no fanatismo. Depois do golpe militar de 1964, o autor monta no Teatro de Arena, em São Paulo, em colaboração com Augusto Boal, *Arena conta Zumbi* e *Arena conta Tiradentes*, para celebrar dois heróis que lutaram pela liberdade. Escreve sozinho *Castro Alves pede passagem*. Nos anos 70, quando a censura se torna mais severa, Guarnieri faz o que chama de "teatro de ocasião": alcança grande sucesso com *Ponto de partida*, uma alegoria que reproduz, numa Idade Média imprecisa, o assassinato (apresentado oficialmente como suicídio) do jornalista Wladimir Herzog pelas forças de repressão.

As décadas de 20 e 30 haviam sido caracterizadas pela hegemonia dos atores. As décadas de 40 e 50, apesar do aparecimento de Nelson Rodrigues e outros, foram marcadas pela hegemonia dos diretores de origem européia, principalmente italiana. Com *Eles não usam black-tie*, a que se seguiu imediatamente a criação do Seminário de Dramaturgia no Teatro de Arena de São Paulo, sob a direção de Augusto Pinto **Boal** (nascido em 1931), temos a fase da hegemonia do autor brasileiro. Os textos nacionais já não assustavam os empresários e permitiram estabelecer, na maior parte dos casos, uma comunicação espontânea com o público.

Augusto **Boal**, que é o teatrólogo brasileiro mais conhecido internacionalmente, produzira em 1960, antes da colaboração com Guarnieri, *Revolução na América do Sul*, peça de uma comicidade irresistível em seu anarquismo aristofanesco, em que ele se divertia destruindo tudo. Apesar do mérito de outros textos, entre os quais *Murro em ponta de faca*, sobre os sofrimentos do exílio político, Boal distinguiu-se sobretudo como teórico e praticante do "teatro do oprimido".

Oduvaldo **Vianna Filho** (1936-1974) é o terceiro dramaturgo que o Teatro de Arena tornou famoso. *Chapetuba futebol clube*, sua primeira peça (1959), mostra o lado doloroso do esporte. *Papa Highirte* (ditador latino-americano típico, mas que continua sendo um ser humano) e *Rasga coração*, talvez a peça mais sólida da década de 70, que passa em revista quarenta anos da história brasileira (1934-1974) do ponto de vista de um militante de esquerda anônimo, representam o melhor do seu talento.

Alfredo **Dias Gomes** (1922-1999) ficou famoso a partir de 1960, com *O pagador de promessas*. O filme baseado na peça ganhou a Palma de Ouro do festival de Cannes. A peça condena a intolerância da Igreja para com o sincretismo religioso da Bahia. Entre outras obras suas, citemos *Campeões do mundo*, que analisa objetivamente o período ditatorial, depois da política de abertura.

Plínio **Marcos** (1936-1999) alcançou grande notoriedade levando ao palco a figura dos marginais, com sua linguagem brutal. A autenticidade de *Dois perdidos numa noite suja* e de *Navalha na carne*, montados em 1966 e 1967, deu novo vigor ao teatro brasileiro. Outros textos significativos: *Abajur lilás, Balada de um palhaço* e *Mancha roxa*.

Hoje os autores nacionais dominam a cena, e haveria uns cinqüenta a mencionar. Mais que seus méritos individuais, a escolha dos nomes a citar dependeria principalmente da maneira como cada um deles contribuiu para consolidar o teatro brasileiro.

• C. DE ABREU, *Camões e o jau*, Panorama, 1856. – J. M. DE ALENCAR, *Teatro completo*, Rio, MEC, 2 vol., 1977. – M. A. ÁLVARES DE AZEVEDO, *Macário*, in *Poesias*, Rio, Tip. Americ. J. J. da Rocha, 1953 (vol. III). – J. ANDRADE, *A moratória*, Rio, Agir, 1959; *Marta, a árvore e o relógio*, São Paulo, Perspectiva, 1970. – O. DE ANDRADE, *Teatro*, in *Obras completas*, Rio, Civilização Brasileira, 1973. – A. AZEVEDO, *Teatro*, Rio, Inst. Nac. de Artes Cênicas, 4 vol., 1983-1987. – A. DE CASTRO ALVES, *Gonzaga ou A revolução de Minas*, in *Obra completa*, Rio, Aguilar, 1960. – H. M. COELHO NETO, *Teatro*, Porto, Chardron, 1908. – C. M. COSTA, *O Parnaso obsequioso*, ver C. DE MELO FRANCO, *O inconfidente Cláudio Manuel da Costa, o Parnaso obsequioso e as Cartas chilenas*, Rio, Schmidt, 1931. – A. DIAS GOMES, *Teatro*, Rio, Civilização Brasileira, 2 vol., 1972. – A. GONÇALVES

DIAS, *Leonor de Mendonça*, Rio, MEC, 1957. – J. M. MACHADO DE ASSIS, *Teatro*, in *Obra completa*, Rio, Aguilar, 1959 (vol. II). – D. J. G. DE MAGALHÃES, *Antônio José*, in *Obras completas*, Rio, Garnier, 1854-1865 (vol. II). – C. MARTINS PENA, *O juiz de paz na roça*, in *Teatro de Martins Pena*, Rio, MEC, 2 vol., 1956. – C. F. MOURA, *O teatro em Mato Grosso no séc. XVIII*, Cuiabá, UFMT, 1976. – QORPO-SANTO (José Joaquim de Campos Leão), *Teatro completo*, ed. G. César, Rio, MEC, 1980. – N. RODRIGUES, *Teatro completo*, Rio, Nova Fronteira, 3 vol., 1981-1985. – A. SUASSUNA, *Auto da compadecida*, Rio, Agir, 1955. – O. VIANNA FILHO, *O melhor teatro*, São Paulo, Global, 1984.

S. MAGALDI

TEIXEIRA E SOUSA Antônio Gonçalves, 1812-1861 ➢ Indianismo; Romantismo.

V

VARELA Luís Nicolau Fagundes, 1841-1875 ➢ Romantismo.

VERÍSSIMO Érico, 1905-1975

Romancista, contista e memorialista, Érico Veríssimo também é autor de livros infantis. Nasceu em Cruz Alta, Rio Grande do Sul. O essencial da sua obra é consagrado a esse estado e aos gaúchos. Faz estudos secundários em Porto Alegre, quando tem os primeiros conflitos com o pai. Descobre Júlio Verne; edita um jornalzinho (*Caricatura,* 1914) e se apaixona pelo grande romancista português Eça de Queirós. Na década de 20, conhece **Monteiro Lobato***, traduz do inglês poemas de Rabindranath Tagore e de Omar Khayyam, e publica seus três primeiros contos, dedicando-se a partir de então à literatura. Visita com freqüência os Estados Unidos, convidado ora pelo Departamento de Estado, ora por instituições como a

Universidade da Califórnia e o Mills College de Oakland. Exerce o cargo de diretor de assuntos culturais da OEA durante três anos, fazendo várias viagens à Europa nesse período. De orientação política socialista, insurge-se contra todas as formas de violência e de totalitarismo, condenando vigorosamente o regime instaurado por Getúlio Vargas (1935-1945) e a ditadura militar do Brasil (1964-1984), assim como a invasão da Hungria pelas tropas soviéticas ou os bombardeios americanos ao Vietnã. Defensor da liberdade de expressão, ergue-se contra as perseguições aos intelectuais e aos escritores brasileiros.

Sua produção literária, vasta e diversificada, compreende romances, contos, memórias e relatos de viagens. Mas é principalmente aos romances que deve seu renome. Podemos distinguir três períodos: o primeiro começa com um livro de contos, *Fantoches* (1932), a que se segue um ciclo romanesco que compreende *Clarissa* (1933), *Caminhos cruzados* (1935), *Música ao longe* (1935), *Um lugar ao sol* (1936) e *Saga* (1940). Um livro de contos e artigos intitulado *As mãos de meu filho* (1942) e dois novos romances, *Olhai os lírios do campo* (1938) e *O resto é silêncio* (1942), terminam esse primeiro período. Muito embora a intriga de *Saga* se desenrole parcialmente na Espanha, Érico Veríssimo pinta nesses livros a sociedade de Porto Alegre. Emprega técnicas de composição como o contraponto e o *flashback*, que aprendeu no exercício da tradução e com a leitura de autores como Aldous Huxley e Katherine Mansfield.

O segundo período é marcado por *O tempo e o vento*, trilogia que compreende *O continente* (1949 [Continente de São Pedro é o antigo nome da região que hoje corresponde ao Rio Grande do Sul]), *O retrato* (1951) e *O arquipélago* (1961). Nela Veríssimo reconstitui a história do Rio Grande do Sul, das origens (1745) a 1945. Embora os três romances que a compõem sejam desiguais, essa saga é uma das obras mais importantes da literatura brasileira. O primeiro dos três romances, *O continente*, é a obra-prima do autor. Ele o constrói como "um mosaico de citações" (Julia Kristeva) feito de fragmentos narrativos, de textos relativos às tradições da terra gaúcha, à sua religião e a seus costumes, de provérbios, lendas e relatos históricos, tudo isso inserido numa seqüência cronológica que não exclui outras formas discursivas de origem erudita. *O continente* se torna, assim, apesar do seu caráter universal, como que um afresco que resume toda a literatura gauchesca, arraigando-se ao mesmo tempo na tradição popular e nas letras cultas. À mesma fase pertence *Noite* (1954), novela em que são utilizados procedimentos de montagem trazidos à luz pela psicanálise.

O terceiro período é o das obras mais engajadas: *O senhor embaixador* (1965), ficção situada num país sul-americano sob um regime totalitário, *O prisioneiro* (1967), em que é denunciada a invasão do Vietnã pelo exército americano, e *Incidente em Antares* (1971), sátira da ditadura militar brasileira.

Érico Veríssimo também é autor de livros infantis e de relatos de viagens. Entre estes últimos podemos citar *Gato preto em campo de neve* (1946), *A volta do gato preto* (1946), *México* (1957) e *Israel em abril* (1969). Seu último texto, *Solo de clarineta* (1973 e 1976), é autobiográfico.

• *Obra completa*, Porto Alegre, Globo, 27 vol., 1978. – As ed. separadas são todas da Globo.

D. TOLEDO

VIANNA FILHO Oduvaldo, 1936-1974 ➢ Teatro.

VIEIRA Antônio, 1608-1697

Jesuíta português. Homem de ação e lógico sutil, Vieira é um pragmático que adapta o carisma da sua voz ao profetismo de seus grandes projetos. Defensor no Brasil do índio, também é em Portugal testemunha da restauração de uma dinastia portuguesa em detrimento da família espanhola dos Habsburgo que, desde Filipe II, reinava no país.

Nasce em 1608. Sua bisavó era uma escrava negra. Em 1614, acompanha seus pais ao Brasil (Bahia), onde ficaria vinte e sete anos. Entra para a Companhia de Jesus em 1623. Ordenado padre em 1634, torna-se orador renomado, em luta contra os holandeses agressores do Brasil, mas também contra a dinastia estrangeira dos "Filipes". O último herdeiro direto da dinastia portuguesa reinante, dom Sebastião de Avis, desaparecera no Marrocos em 1578, vítima do sonho de uma louca cruzada. A volta desse rei escondido – *o encoberto* – é uma constante profética nos sermões do jovem orador.

Em 1.º de dezembro de 1640, Vieira está em Portugal, novamente independente. O novo rei, João IV, duque de Bragança, logo faz dele seu conselheiro e seu embaixador. O profetismo de Vieira se afirma: os portugueses, povo eleito, são chamados a governar o mundo.

Vieira também trabalhou para a criação da Companhia do Comércio, destinada a garantir sem maiores dificuldades o transporte das mercadorias do Brasil a Portugal. Essa companhia era constituída essencialmente de capitais pertencentes a "cristãos novos", isto é, judeus conversos que viam na conversão ao cristianismo um meio de escapar dos confiscos da Inquisição. O debate levantado por esse caso levará Vieira a ser tachado de oportunista. Na verdade o apoio de Vieira aos cristãos novos (*a gente da nação*) não se justificava apenas pelo reconhecimento do poder econômico deles na Europa: o pensamento do orador e seu profetismo inspiravam-se em boa parte na tradição hebraica das Escrituras. Dom João IV, no V Império, se avizinhava assim das dez tribos perdidas de Israel.

Em 1652 Vieira é enviado em missão aos índios do Maranhão. Permanece nove anos entre eles, denunciando os excessos cometidos pelos colonos portugueses. Em 1661, é obrigado a voltar à metrópole, em conseqüência dos ataques de que os jesuítas eram alvo. O sermão da *Epifania* (1662), pronunciado na capela real de Lisboa, é um vigoroso arrazoado em favor dos índios e dos jesuítas, seus defensores. Vieira faz uma distinção entre os índios: os que os colonos reduziram indevidamente à escravidão têm o direito de escolher livremente a sua sorte; já os que uma "justa guerra" tornou cativos permanecerão no cativeiro. Ao lado deles estarão as vítimas das rivalidades tribais (*índios em cordas*).

O rei João IV morre em 1656. Vieira vai predizer seu retorno glorioso, sua "segunda vida" no *Quinto Império do mundo*. O texto, tido como herético e hebraizante pela Inquisição, acarreta sua prisão: sem protetor, torna-se alvo dos inquisidores e, em 1666, tem de renunciar à luta. O profetismo de Vieira, que marca fortemente seus sermões e suas cartas, é exposto em *A história do futuro*, assim como na *Clavis Prophetarum*. Destinada aos teólogos, essa obra inacabada é conhecida pelos resumos que alguns leitores seus fizeram. O sistema é complexo mas homogêneo, conforme demonstrou de maneira indiscutível Raymond Cantel.

Em 1669, Vieira vai a Roma. A rainha Cristina da Suécia faz dele seu pregador. De volta a Lisboa em 1675, é mantido à margem dos acontecimentos e se retira definitivamente para o Brasil. Aqui, até a sua morte, dedica-se à edição dos seus *Sermões*.

Os *Sermões* obedecem a uma estrutura tradicional: evocação de um tema evangélico, introdução, invocação, recurso ao entimema (argumento) e ao exemplo, prece e peroração. Lembremos algumas homilias: o *Sermão de são Sebastião* (1634) na Bahia; o *Sermão de santo Antônio* (1638) – dia em que os holandeses levantaram o cerco da Bahia –; o *Sermão dos Bons Anos* (igreja de São Roque em Lisboa, 1642) que é uma apologia de João IV; o *Sermão de santo Antônio aos peixes* (São Luís do Maranhão, 1654), em que os peixes compõem uma divertida alegoria dos colonos portugueses; o *Sermão da Primeira Oitava da Páscoa* "sobre as verdadeiras e as falsas riquezas", 1656, pronunciado em Belém do Pará.

Os sermões de Vieira são rigorosamente estruturados, mas encerram uma preocupação constante com a expressão simples e familiar, aquela que comove e convence. O *Sermão da sexagésima* (Capela Real, 1655) combate a sintaxe erudita e complicada dos gongóricos. No entanto Vieira sabia apreciar, conforme ele mesmo dizia, as *agudezas*, antíteses e jogos de palavras, o que era o oposto da trivialidade da linguagem cotidiana; ao cultismo dos gongóricos, ele opõe o **Conceptismo*** do jesuíta. A retórica de Vieira é justificada pelo efeito conceitual que a sustenta e funda. Para além do prazer dos sentidos, ela tem em vista a adesão espiritual.

Vieira é antes de mais nada um orador, sempre levado a uma verdade dissimulada atrás da máscara, da aparência, para além dos escolhos da lógica. A atitude, em conformidade com a filosofia moral dos jesuítas, é barroca. O sermão de Vieira, pela tensão interna que ele encerra e que o move, é um testemunho insubstituível da estética do seu tempo.

• *Obras escolhidas*, ed. A. Sérgio & H. Cidade, Lisboa, Sá da Costa, 1951-1954. – *Sermões*, ed. R. P. Gonçalo Alves, Lisboa, Lello & Irmão, 1959. – *História do futuro*, Ed. M. L. Buescu, Lisboa, Imprensa Nacional/Casa da Moeda, 1982.

➢ Barroco.

B. DARBORD

Lista de verbetes

GUIMARÃES ROSA João, 1908-1967
INDIANISMO
KILKERRY Pedro, 1885-1917
LIMA BARRETO Afonso Henriques de, 1881-1922
LIMA Jorge de, 1895-1953
LINS DO REGO José, 1901-1957
LISPECTOR Clarice, 1925-1977
LOBATO José Bento Monteiro, 1882-1948
LOPES NETO João Simões, 1865-1916
MACEDO Joaquim Manuel de, 1820-1882
MACHADO Antonio de Alcântara, 1901-1935
MACHADO DE ASSIS Joaquim Maria, 1839-1908
MARCOS Plínio, 1936-1999
MATOS GUERRA Gregório de, 1623-1969
MEDEIROS E ALBUQUERQUE, 1867-1934
MEIRELES, Cecília, 1901-1964
MELO NETO João Cabral de, 1920-1999
MENDES Murilo, 1901-1975
MODERNISMO
MONTEIRO LOBATO José Bento, 1882-1948
MORAES Vinícius de, 1913-1980
NABUCO Joaquim, 1849-1910
NETO Henrique M. Coelho, 1864-1934
NETO João Cabral de Melo, 1920-1999
NETO João Simões Lopes, 1865-1916
NINA RODRIGUES Raimundo, 1862-1906
OLIVEIRA Artur de, 1851-1882
PARNASSO
PEDERNEIRAS Mário, 1868-1915
PENA Cornélio, 1896-1958
PENA Martins, 1815-1848
PERNETA Emiliano, 1866-1921
PICCHIA Menotti del, 1892-?
POESIA DO SÉCULO XX
POMPÉIA Raul, 1863-1895
QORPO-SANTO, 1829-1889
QUEIRÓS Wencescau de, 1865-1921
QUEIROZ Rachel de, nascida em 1910
RAMOS Artur, 1903-1949
RAMOS Graciliano, 1892-1953
REGO José Lins do, 1901-1957
RIBEIRO COUTO Rui, 1898-1963
RICARDO Cassiano, 1895-1974
RIO João do, 1881-1921
RODRIGUES Nelson, 1912-1980
ROMANTISMO
ROSA João Guimarães, 1908-1967

IMPRESSÃO E ACABAMENTO:
YANGRAF Fone/Fax:
6198.1788